Susanne Amberg Schneeweis

Wege zur Balance

Atmung
Bewegung
Stimme

Sinnfindung
Stimmbildung
Gedächtnistraining

ANNA PICHLER VERLAG, WIEN

Inhaltsverzeichnis

Ich widme dieses Buch

meinen innigst geliebten Töchtern

BARBARA und KATHARINA

Vorwort

Leben ist schön! Hören Sie gerne Geschichten? Machen Sie sich gerne ein eigenes Bild über die Welt? Wunderbar – dann haben Sie den richtigen Griff getan! Sie halten ein Buch in Händen, das Ihnen weiterhilft. Wobei? werden Sie jetzt vielleicht fragen? Nun, das ist ganz einfach erklärt: beim Allerwichtigsten, beim Notwendigsten! Was das wohl sei? Dreimal dürfen Sie raten! Aber ich bin fast überzeugt, Sie wissen es schon beim ersten Mal: der Atem. Durch den Atem wird ihnen alles klar, alles bewußt. Mit dem Atem können Sie sich helfen – immer und überall. Im Atemgeschehen finden Sie sich selbst und haben sogar die große Chance die „Welt" bei einem Zipfelchen zu packen und mit ihr – in ihr – auf ihr, das zu erleben, wonach Sie sich sehnen.

Durch meine Arbeit mit und über die Atmung habe ich viele wunderbare Menschen getroffen. Alle suchten ihre Stimme. In Kursen, Seminaren, Vorträgen und vor allem in der intensiven Trainingsarbeit ergab sich immer wieder eines: wer seine Atemfunktion kennen und lieben lernte, erfuhr (wieder) seine ureigenste Kraftquelle, und es ebnete sich dadurch der berufliche und private Lebensweg. Sprechen und singen lernen zu wollen bedingt eines: atmen zu können!

Menschen, die sich erspüren, entdecken ihre ureigenste Kraftquelle! Sie meinen, dies sei eine voreilige Feststellung? Ich lade Sie ein, dies Buch zur Hand zu nehmen und sich von den Worten inspirieren zu lassen, um zu der Überzeugung zu kommen: Ja, es ist möglich und sogar äußerst hilfreich, die Quelle zu suchen und zu finden!

Die Quelle, Symbol des Fließens, in sich selbst... Sie meinen, ein schwieriges Unterfangen? Schauen und lesen Sie und horchen Sie ein bißchen – Naturschutz beginnt beim Menschen ist auch auf Kassette erhältlich – und vor allem spüren Sie! Mögen meine WEGE ZUR BALANCE dazu Hilfreiches vermitteln.

Herzlichst
Susanne Amberg Schneeweis

Sinnfindung:

Naturschutz beginnt beim Menschen

Viel wird gesprochen, noch mehr geschrieben: wir sollen, wir müssen unsere Natur schützen! Unzählige Vereine setzen Aktivitäten, viele Vortragende reisen von Stadt zu Stadt, von Land zu Land. Wir hören hochinteressante, gut gemeinte und äußerst kluge Vorträge, wie man dieses und jenes „in den Griff" bekommen, abschaffen, verhindern, verbessern könne, damit der Mensch, die Menschheit, nicht zugrunde gehe. Ja, die pessimistischen Äußerungen gehen sogar so weit, daß man meint, es sei ohnehin schon alles zu spät, die Welt sei verloren. Die Weltuntergangsstimmung wird in manchen Kreisen der Politik und Wirtschaft, in den Medien, in philosophischen und religiösen Gemeinschaften und in der Kunst gepflogen.

Die Ausschlachtung des Bösen, Brutalen, Zerstörerischen ist Allgemeingut geworden und viele Menschen sind nicht einmal mehr betroffen über die katastrophalen Meldungen, die man allerorten zu sehen und zu hören bekommt. Die Menschheit stumpft ab, ist gefühllos geworden.

Als Gegenpol zu dieser Entwicklung gibt es Bestrebungen, all das Schlechte, Grausame und Entsetzliche ungeschehen zu machen. Menschen setzen sich ein, unter Aufbietung all ihrer Kräfte und Energien Gutes zu tun. Wird es gelingen, das Gleichgewicht wieder herzustellen? Wird es eines Tages möglich sein, die Welt zu verbessern? Wer vermag darauf wohl eine Antwort zu finden, die allen Anforderungen gerecht werden könnte? Wohl niemand. Daher ist mein Bemühen in Wort und Tat, in Schrift und Ton auch nur ein kleiner Beitrag, der kein Weltverbesserungsvorschlag ist, der keine Lawine auslösen wird! Die Gemüter werden sich nicht erhitzen, denn der Beitrag enthält keinen Sprengstoff. Und dennoch: es gibt einen Weg! Wird er beschritten, zeigt sich sofort die Wirkung!

Es gibt einen Weg

Sind Sie neugierig geworden? Ich darf Sie warnen: wenn Sie weiterlesen, wird Sie vielleicht ein Bazillus befallen, der etwas auszulösen vermag. Sie werden wünschen, dieses Geheimnis auch entdecken zu wollen. Möglicherweise wird ein Funke Begeisterung in Ihnen geweckt! Achtung, das wird vielleicht anstrengend! Genug der warnenden Worte: Sie sind eigenverantwortlich, ein mündiger Mensch – wo beginnen wir also mit dem Naturschutz, damit er weltweit wirksam werde?

Das ist schrecklich kompliziert und dabei das Allereinfachste: jeder Mensch beginne bei sich selbst! Ja, wir müssen zuerst die Natur wieder in uns suchen, aufwecken, reinigen! Herauslösen aus Mißverständnissen, aus Vorurteilen, aus Fehlinterpretationen. Wie wenig Menschen wissen noch, was natürliches Verhalten ist, kaum einer kann Natürlichkeit genießen, da die Definition des Natürlichen unklar ist. Begriffe und Wertvorstellungen sind im Umbruch begriffen. Also, wollen wir beginnen Ordnung zu schaffen?

Was können Sie sehen?

Fangen wir mit dem heutzutage strapaziertesten Organ der Menschen an, den Augen! Umsicht, Weitsicht, Überblick, Klarsichtigkeit, jeder hätte das gerne, wie findet man es? Ganz einfach: Schließen Sie Ihre Augen und erspüren Sie sich. Stellen Sie sich jetzt in diesem Moment vor – bei geschlossenen Augen – Sie hätten noch einen Augenblick, nur einen! Und in diesem einzigen Augenblick müßten Sie all das aufsaugen, was Sie bis zum Lebensende behalten wollen. Lassen Sie die Augen geschlossen und legen Sie Ihre Hände wie gute, wunderbare Schalen über Ihre Lider. Sitzen Sie bei einem Tisch, stützen Sie Ihre Ellbogen auf, sodaß die Handballen die Jochbeine berühren und die Fingergrundgelenke über die Augenbrauen ziehen. Oder lehnen Sie sich zurück und bilden mit Armen und Händen eine Wand vor sich.

So, und jetzt gönnen Sie sich zwei Minuten, 2 x 60 Sekunden, in denen Sie Innenschau betreiben. Sie können gerne zu zählen beginnen, damit die Zeit vergeht! Besser aber, Sie blicken auf Ihr Nasenspitzerl oder Ihren Nabel, auf Ihren Scheitelpunkt oder Ihre große Zehe – wohlgemerkt mit geschlossenen Augen! Sie können ebensogut Ihr Herz betrachten. Können Sie die Schläge orten? Doch: da ist etwas! Ein Gedanke, ein Gefühl, ein Bild. Versuchen Sie dem nachzuspüren... hat es eine Form, eine Farbe, was können Sie sehen? Ist es ein Bild aus der Werbung? Konfrontiert es Sie mit Sorgen, Problemen, Ängsten? Oder ist es etwas Naturnahes, etwas Natürliches?

Wie es auch sei, nehmen Sie es an. Fangen Sie an, ein ganz klein wenig den Kopf zu schütteln, so als wollten Sie sagen: „Na, so etwas, tss, tss, tss..." Dann versuchen Sie, Ihr Gesehenes ganz klein und fein zu bejahen, indem Sie mit dem Kopf nicken! Und jetzt lassen Sie mit einem tiefen Seufzer die Hände über die Stirn ziehen, bis die Fingerspitzen den Hinterkopf berühren. Und nun blicken Sie blinzelnd in die Welt. Was sehen Sie? Worauf fällt Ihr Blick?

Könnte dieser eine Blick, den Sie sich eben jetzt schenken, ein Glücksgefühl in Ihnen wecken? Könnte dieser eine Blick ein wissendes Abschiednehmen oder ein erkennendes Neubeginnen sein? Spüren Sie Ihre Augen, können Sie ein Lächeln in Ihren Augen erstrahlen lassen? Können Ihre Augen das ausdrücken, was Ihnen auf den Lippen liegt? Wie schön für Sie, wenn Sie all diese Fragen bejahen. Fühlen Sie sich wohl, haben Sie ein natürliches Empfinden durch Ihre Augenkraft?

Dann wenden Sie sich dem Naturschutz zu, in der Weise, wie er Sie betrifft, belastet, ärgert oder erfreut. Versuchen Sie, einen konstruktiven Vorschlag zu formulieren, der Ihnen oder einem anderen Menschen, einer Pflanze, einem Tier, einer Sache dienlich ist. Und erspüren Sie sich selbst: habe ich Mut, Vertrauen, Kraft, dies in die Tat umzusetzen? Ihre Fantasie ist angeregt und nach eigenem Gutdünken können Sie damit umgehen.

Wie stehen Sie zu Ihrem Tastsinn?

Wollen wir weiter experimentieren? Also gut: Betrachten Sie Ihre Hände! Ja, legen Sie Ihre Hände in den Schoß! Sie meinen, Sie haben kein Zeit? Das macht gar nichts. Sie können gerne gehen, stehen, etwas erledigen, jetzt in diesem Moment mit den Händen Unaufschiebbares tun – nur eines würde ich vorschlagen: versuchen Sie, Ihre Hände zu spüren, zwei Minuten lang! Sie können mit Ihren Fingerspitzen vor lauter Nervosität ein Trommelfeuer beginnen.

Sie können die Fingerkuppen aneinanderlegen, oder wollen Sie lieber die Finger verschränken, Fäuste ballen oder die Hände leger in die Taschen stecken? Haben Sie kalte Finger? Reiben Sie sie, bis sie warm geworden sind. Oder schlenkern Sie die Handgelenke, bis Sie ein lockeres Gefühl bis ins kleinste Fingerspitzerl haben. Mögen Sie die Empfindung, die Ihnen Ihre Handballen, Ihre Handteller, Ihre Fingerkuppen vermitteln? Probieren Sie es aus: wie greift sich Ihre Bluse, Ihr Pullover, Ihr Hemd, Ihre Jacke an? Wie ist die Form der Knöpfe? Können Sie Ihre Finger blitzschnell ganz weit auseinanderspannen und ganz fest zusammenballen? Wann haben Sie zuletzt jemandem die Daumen gedrückt – wörtlich und tatsächlich? Tun sie es, jetzt gleich und bitte mit einem Lächeln!

Können Sie die Handflächen ganz gerade aneinanderlegen, ebenso die Unterarme bis zu den Ellbogen? Können sich die Fingerspitzen am Rücken berühren, zwischen den Schulterblättern, von oben und unten kommend? Können Sie die Hände hinter Ihrem Rücken falten? Mögen Sie Ihre Hände? Wenn ja, wie gut für Sie. Wenn Sie wissen wollen, wie Sie wirklich sind und wie es Ihnen in diesem Moment geht: betrachten Sie Ihre Hände! Ja, das sind Sie, Ihre Kraft, Ihr Mut, Ihre Psyche, Ihr ganzer Körper spiegelt sich in Ihren Händen. Wollen Sie Ihre Hände schützen? Ihre Hände sind wertvoll und wichtig, tun Sie etwas für Ihre Hände! Haben Sie einen festen Zugriff, einen herzhaften Handschlag, ein zartes Empfinden in Ihren Händen? Wie stehen Sie zu Ihrem Tastsinn?

Wenn Sie sich soweit erforscht haben, kehren Sie wieder zum Naturschutz zurück. Was können, was wollen Sie mit Ihren Händen für die Natur tun? Mit welcher Idee können Sie einen anderen Menschen dazu bringen, auch etwas zu tun? Können Sie einem Freund, einem Fremden die Hand reichen und ohne große Worte etwas anpacken, etwas gemeinsam tun? Für die Natur?

Möglicherweise empfinden Sie ein freudiges Gefühl – klatschen Sie doch in die Hände! Seit Menschengedenken ein symbolischer Akt der Zustimmung, eine Geste der Anerkennung. Verspüren Sie die Energie, die von einer Hand zur anderen fließt? Genießen Sie diese Energie und bringen Sie diese an einen anderen Körperteil – durch einfaches Berühren.

Ergreifen Sie die Gelegenheit beim Schopf, eine Streicheleinheit zu verschenken! In jeder Berührung fließt Energie. Sind Sie über Massage informiert, ist das ja keine Neuigkeit. Aber sind Sie auch bereit, die in Ihnen fließende Heilkraft zu entdecken, anzuwenden?

Nachdem Sie Ihre Hände jetzt so gut spüren, entdecken Sie doch gleich Ihre Füße! Ihre treuesten Begleiter, die Sie durch's Leben tragen. Verwöhnen Sie sie mit gutem Schuhwerk, schützen Sie Ihre Füße vor den Härten des Lebens! Oder gilt Ihnen modisches Aussehen und damit verbundene Beschwerden mehr? Können Sie mit den Zehen greifen, wie mit den Fingern? Wenn Sie täglich die Zwischenräume der Finger und Zehen massieren, unterstützen Sie die Funktion der Lymphdrüsen, die für die Ableitung der Giftstoffe verantwortlich sind.

Das große Problem des Naturschutzes ist die Entgiftung. Wohin mit all den Problemstoffen, die wir heute in überreichem Maße erzeugen? Wir können weder das Rad der Zeit zurückdrehen, noch den technischen – in vieler Hinsicht wunderbaren – Fortschritt rückgängig machen. Wir können nur lernen, besser damit umzugehen. Womit geht man am besten um? Mit dem, was man spürt, worüber man Bescheid weiß, was man mag! Aus Erfahrung wissen Sie, daß das, was am eigenen Leib erspürt wurde, ganz verständlich wird. Erspüren Sie Ihre Körperenergie von den Händen zu den Füßen. Stellen Sie sich vor, Sie müßten Ihre Grundenergie „selber machen" – wie würden Sie sich verhalten? Wo könnte es wohl beginnen zu wachsen? Wo vermuten Sie die Wurzel Ihrer Energie?

Ja, natürlich richtig – zuerst muß die Aufmerksamkeit da sein, der Wunsch, der Wille. Dann kommt so eine Art „Aha-Erlebnis" – Griff zum Hirn – und dann der Antrieb aus dem Beckenraum! Lassen Sie einmal eine kleine Weile die Hände bei der Wirbelsäule ruhen, eine Hand beim Atlas – der Übergang zum Kopf – die andere Hand beim Steißbein – der Übergang zum Becken. Spüren Sie es fließen?

Ein wunderbarer Kreislauf, der Sie am Leben erhält! Wissen Sie, daß Sie diesen Kreislauf durch schlechte Haltung schwer beeinträchtigen können? Wissen Sie, daß dieser Kreislauf dafür verantwortlich ist, daß Sie sich wohl, sicher, unternehmungslustig und schaffensfroh fühlen? Sie können jederzeit durch Aufrichtung die Schwingungsfähigkeit Ihrer Wirbelsäule wieder herstellen! Ja, jede instiktive Bewegung, jeder Urlaut, jedes Wort, jeder Schritt bringt Sie in Schwingung, in Schwung. Wer in Schwung ist, denkt kaum mehr über Energie nach, höchstens in dem Maße, wie er sie erhalten kann und soll. Und das geschieht durch unsere Ernährung.

Der Geschmacksinn

Der dritte Sinn, dem wir uns jetzt zuwenden, ist unser Geschmackssinn. Gönnen Sie sich wieder zwei Minuten – 120 Sekunden! Erspüren Sie Ihre Lippen, Ihre Zunge, Ihren Gaumen und Rachen, ertasten Sie Ihre Zähne und erspüren Sie vor dem Ohr Ihre Kiefergelenke. Können Sie die Kraft spüren, die sich beim Gähnen Ihres ganzen Mundraumes bemächtigt? Imaginieren Sie einen Schluck Wasser und spielen Sie „gurgeln"! Entdekken Sie Ihre Lippen als Muskel, erzeugen Sie Urlaute und beobachten Sie dabei Ihre Haltung.

Richten Sie sich automatisch beim Kauen auf, dann haben Sie eine instinktsichere, natürliche Haltung! Erspüren Sie, wie Sie essen und gönnen Sie sich Zeit, zu kauen! Ihre Ernährung beeinflußt Ihre Energie, Ihren Schwung, Ihren Hormonhaushalt, Ihre Psyche, Ihre Mentalität und erhält Ihre Physis. Und erspüren Sie auch noch, daß der Mensch vom Brot allein nicht leben kann, die Augen essen auch mit. Licht, Luft und Sonne sind ebenso Quellen Ihrer Nahrung. In gewisser Weise nähren Sie sich auch von Ihren Gedanken und Gefühlen! Dies alles in Einklang zu bringen, fördert und erhält die Gesundheit.

Noch ein Wort zur Gesundheit: Es heißt, sie ist unser höchstes Gut! Ich möchte dem nicht widersprechen, nur zu bedenken geben: Vergessen Sie nicht das Heilsame der Erkrankung! Jeder Schmerz, jede Krankheit ist Ausdruck der inneren Vorgänge. Der Körper in seiner wunderbaren Architektur hilft sich selbst. Das Unterbewußtsein vermag phänomenal zu arbeiten! Bevor in Ihrem Bewußtsein die Ahnung einer Idee aufsteigt, hat sich schon etwas getan! Ohne Ihr Wissen und Wollen. Gelingt es nun, das Wissen und Wollen – das Bewußtsein – in Harmonie mit dem Unterbewußtsein schwingen zu lassen, ist die ideale Basis für die Gesundheit gegeben. Wer gesund ist, hat auch ein gesundes Lebensvertrauen.

Wer Ungesundes – Krankes – annehmen und überwinden kann, dem wächst Urlebensvertrauen. Da wir aber nur in unserem Unterbewußtsein aus diesem Urlebensvertrauen schöpfen, sind wir aufgerufen, in unserem Bewußtsein danach zu suchen. Wer zu einer Lebensmeisterung gefunden hat, hat gelernt, Selbstverantwortlichkeit zu pflegen. Das heißt, daß Sie sehr wohl in Ihrem Bewußtsein etwas zu steuern vermögen, aber, daß weder der Intellekt – gut geschult – noch die Geistpflege – bestgemeint – das Wesentliche Ihres Menschseins zu ändern vermögen. Dies müssen wir im tiefsten Kern annehmen. Gelingt uns dies, so leben wir bewußt aus unserem Unterbewußtsein und bleiben oder werden kerngesund. Auch so erschließt sich der Sinn des Lebens.

Der Gehörsinn

Wollen Sie sich wieder zwei Minuten gönnen, um ihrem Gehörsinn zu lauschen? Ertasten Sie Ihre Halswirbelsäule und Ihre Okzipitalknochen, die zu den Ohren führen. Klappen Sie einmal Ihre Ohrmuscheln um, fahren Sie den äußeren Rand des Ohres ab – noch eine Reflexzone all Ihrer Meridiane – verschließen Sie die Ohren und beginnen Sie zu lauschen. Sind Sie aufgerichtet dabei, fein, dann können Sie sofort spüren, daß das Horchen im Beckengrund und in den Fußsohlen beginnt. Kribbelt es gleichzeitig in den Handflächen und am Schädeldach, dann ist die Zeit nicht mehr fern, eine wichtige – ein natürliche – Erfahrung zu machen. O nein, nicht wirklich „machen", die Erfahrung fällt zu: ES tut sich etwas – von ganz allein! Selbstverständlich erwarten Sie nicht, hier zu lesen, was sich tut! O nein, denn nur mit dem eigenen Erspüren wächst der Mut, sich zu sich selbst zu besinnen. Es tut wohl, auch wenn es bitter sein mag oder Sie erschreckt. Vielleicht müssen Sie lächeln oder gähnen oder sogar weinen?

Haben Sie gehorcht – können Sie gehorchen – wollen Sie Ihrer inneren Stimme lauschen? Oder gibt es da eine Barriere? Beginnen Sie doch ganz behutsam ein kleines Stückchen dieser Barriere aufzuweichen – anzustupsen! Wie das kleine Kinder und Tiere so herzerfrischend tun. Ja, jetzt sind Sie dran, Sie selbst, mit sich selbst! Kneifen Sie die Augen kurz zu und legen Sie die Hände auf den Schädel. Was hören Sie? Was es auch sein mag, ein Anfang ist gemacht und das ist die Hauptsache. Sie werden es erleben, Sie werden nun öfter nach innen lauschen wollen. Je mehr Sie von innen erspüren, desto besser können Sie Töne und Geräusche von außen aufnehmen. Und desto mehr steigt das Bedürfnis, in die Natur zu gehen und zu lauschen. Sind wir in einer physisch und psychisch guten Verfassung, dann finden wir auch Zeit, in der Natur zu sein, aus ihr Inspiration zu schöpfen. Aus der Ruhe heraus sind wir auch wieder fähig, einem Menschen zuzuhören, ihm Bestätigung und – wenn er darum gebeten hat – auch konstruktive Kritik zu vermitteln.

Der springende Punkt

Sie werden vielleicht fragen, was hat denn mein Lauschen, mein eigenes zu Ruhe kommen, mit Naturschutz zu tun?

Das betrifft doch nur die anderen, die „Bösen", die die Umwelt verschmutzen! Die nur an sich selbst denken, ohne Rücksicht auf andere Lebewesen! Oder noch schlimmer, die auf Kosten der anderen leben! Aber genau da ist der springende Punkt:

> ***Wer wirklich an sich denkt, der schützt sich und in selbstverständlicher Art und Weise auch die Natur, in der er und mit der er lebt.***

Weil er begriffen hat, daß alles Folgen hat, daß sich nichts ausklammern läßt. In letzter Konsequenz geht es immer darum, daß jeder einzelne Mensch für sich selbst seinen eigenen Wert annimmt. Tut er es, dann lebt er eigenverantwortlich. Tut er es nicht, vermag er weder sich selbst zu schützen, noch die Natur!

Was jeder einzelne von uns tun kann, ist wenig, aber trotzdem ist es mehr, als man vermutet. Denn jeder einzelne ist ein Teil des Ganzen. Jeder bewirkt in seiner Eigenschwingung das für ihn Notwendige – sein Wesentliches – und das pflanzt sich fort, in ganz natürlicher und selbstverständlicher Art und Weise, wie Schallwellen.

Der Geruchssinn

Erinnern Sie sich? Wir haben ein paar Übungen gemacht, ein kleines Sinnestraining: sehen – tasten – schmecken – hören. Jetzt fehlt uns nur noch ein Sinn, der Allerwichtigste: der Geruchssinn!

Wenn Sie beginnen, sich mit diesem Sinn bewußt auseinanderzusetzen, dann vereinen sich all die anderen. Dann erspüren Sie plötzlich das Lebensrätsel: der Sinn des Lebens ist nur einen Atemzug entfernt!

Die Atmung

Was wissen Sie über Ihre Atmung? Können Sie ihr lauschen, haben Sie das Bedürfnis, sie zu erspüren? Ach nein, keine wichtigtuerischen Regeln: jetzt ein und aus und zählen und halten und bitte locker und danke für die Anspannung... Das wäre genau am Kern vorbeigezielt!

Als Babys konnten wir es alle perfekt – völlig unbewußt! Meistens schenkt es uns der Tiefschlaf wieder. Erwachen wir sorglos, fällt es uns nicht schwer, bewußt riechend zu atmen. Plötzlich ist ES da! Genau das ist es, was Sie brauchen! Es ist das Zipfelchen des roten Fadens. Ergreifen Sie es, es kann Ihnen helfen, Sie aus dem Labyrinth herauszuführen.

Im riechenden, tastenden, schmeckenden, lauschenden, sehenden Spüren erahnen Sie ganz intensiv, worauf es ankommt: ja, ja, das ist es: SIE LEBEN, SIE ATMEN, HIER und JETZT! Und indem Sie atmen, bewegen Sie sich! Atmung und Bewegung bilden eine untrennbare Einheit. Vermögen Sie das wieder zu fassen, bekommen Sie ein Bild von sich. „Mensch, erkenne dich selbst!" Die alte, griechische Forderung, wo beginnt sie? Im Herzen, im Sinn, im Atem!

Buddha formulierte: „Das erste, was zu lehren ist, ist der Atem!" Aber verstehen Sie es jetzt nicht falsch: kein Atemlehrer, keine Atemtechnik, keine Atemtherapie! Sie selbst sind Ihr eigener Lehrmeister, Sie in Ihrem Inneren. Und haben Sie keinen – noch keinen – Zugang zu Ihrem Inneren, dann beginnen Sie beim Äußeren! Ihr eigener Körper in all seinen Funktionen belehrt Sie und zeigt Ihnen, wo die Grenzen sind. Jawohl, die Grenzen! Diese anzunehmen, das ist die erste Tat, die Sie setzen müssen, um frei zu werden.

Frei wovon? Von Vorurteilen, Fehlinterpretationen, Standesdünkeln. Frei wofür? Für so vieles: Für die Schöpferkraft, die in uns allen schlummert. Für die Freude, für die Fantasie, für die Hoffnung, den Glauben, die Liebe, die Begeisterung.

Lassen Sie sich doch einmal – nur ein einziges Mal – mitreißen von Ihrem Atem! Das geht nicht, meinen Sie? Ja, und was glauben Sie, geschieht beim Lachen und beim Weinen? Wie viele Dichter haben dies als einzig dem Menschen allein erreichbare Tugend beschrieben.

Sehen Sie, jetzt steigt Ihnen ein Lächeln auf. Legen Sie sich doch die Hände auf den Bauch, ist es nicht wunderbar – dort bewegt es sich, es lebt, es atmet! Und jetzt löst sich der Seufzer der Erleichterung. Alles, was Sie bedrückt haben mag, hat sich ein klein wenig verändert. Um eine kleine Spur ist es leichter geworden, nicht mehr ganz so schwer, nicht mehr ganz so deprimierend! Was heißt denn deprimiert? Niedergeschlagen und bedrückt! Was ist denn nun geschlagen und bedrückt: das Primäre! Und das Primärste in Ihrem Körper, ja in Ihrem Leben ist Ihre Atmung. Denn nur durch sie können alle Ihre Kreisläufe funktionieren.

Ist die Atmung behindert, ist es nicht allzu schwer, Abhilfe zu schaffen. Das Wichtige ist, daß Sie AUSATMEN. Je kleiner und feiner, desto besser. Sie können natürlich auch stoßweise und heftig ausatmen. Es kommt nur darauf an, daß Sie am eigenen Leib erspüren, daß der EINATEM als Reflex von ganz allein in Ihren Körper wieder einströmt!

Wie hat die Natur so weise vorgesorgt: das Primäre läuft vollautomatisch ab, ist das nicht herrlich einfach? Lassen Sie sich dehnen und ziehen von Ihrem Atem! Lassen Sie es geschehen, daß dieser Atem Sie dazu bringt, sich zu strecken und zu räkeln, so lange, bis Sie sich wohl fühlen.

Ich bin es selbst

Ist der Mensch im Lot, erschließt sich alles von allein. Es atmet. Was ist dieses ES? Ihr Leben, Ihr Wesen, Ihr Wesentliches. Es ist für das Selbstwertgefühl eines Menschen äußerst wichtig, sich selbst mit diesem Wesentlichen zu verbinden, zu identifizieren.

Lassen Sie sich von niemandem schlecht machen. Kein Mensch hat das Recht dazu, auch Sie selbst nicht. Sie haben vielmehr die Pflicht, Ihr ICH durchzusetzen, zu verteidigen, zu schützen. Wie wollen Sie denn sonst zu Ihrem Selbst kommen? Psychologen und Philosophen streiten seit langem, wer das ICH und wer das SELBST ist. Sie sagen, daß das eine dem andern zuliebe überwunden, ja bekämpft werden muß. Schieben Sie Ihr Wissen, Ihre Bemühungen einen Augenblick zur Seite und spüren Sie sich! Nun sprechen Sie ein Wort: eine klares „ICH". Spüren Sie Ihren Rachen, Ihr Zwerchfell? Dann lassen Sie das zweite Wort folgen „BIN" – „ICH BIN". Große Pause. – „ICH BIN ICH SELBST".

In jedem Wort liegt das Geheimnis und die Lösung. Haben Sie schon einmal in solcher Weise über Worte nachgedacht? Probieren Sie einmal langsam und bedächtig zu lautieren. Sie werden spüren, das macht Spaß! Über und durch die Lautierung ist es möglich, seine Sinne zu schärfen, sie neu oder wieder zu entdecken. Gut funktionierende Sinne sind die beste Basis für das Denkvermögen und für Ihre Gefühlswelt. Gedanken und Gefühle sind unsere wichtigsten Begleiter. In unserem Gehirn ist alles so wunderbar geordnet, daß wir denken und fühlen können! Und beides ist gleichberechtigt! Ja, Gedanken und Gefühle, sie bilden eine gleichberechtigte Einheit. Sie sind lebendiger Ausdruck Ihres Wesens und so lange beschützt, so lange sie in Ihnen bewahrt sind. Entlassen Sie sie im Wort, geben Sie sie frei. Ist Ihnen das bewußt? Erinnern Sie sich an das letzte Wort, das Sie gewechselt haben. Egal, ob gut, böse, heiter, traurig: lassen Sie es erklingen! Erspüren Sie es mit Ihren Sinnen, erfühlen und bedenken Sie es. Wird es lebendig in Ihrem Gedächtnis? Sinneseindruck, Gefühl, Gedanke – ist die Einheit wieder da? Denken heißt, zu Schlüssen kommen, den Schlüssel finden, den Weg ebnen. Welchen Weg? Ihren Lebensweg natürlich.

Wie Energie fließt

Spüren Sie, wie Energie fließt, wenn Sie sprechen? Spüren Sie, wie diese Energie Sie belebt und beschwingt? Die Luft ist es, die

Ihnen all diese Eindrücke vermittelt. Die Luft erhält Sie am Leben. Sie sorgt in Ihrer Lunge für den Gasaustausch, damit Ihr Herz Ihr Blut in Umlauf setzen kann. Sie setzt Ihre Sprechwerkzeuge in Gang, damit Sie sich verbal verständigen können, sie ermöglicht Mimik und Gebärde.

Ohne Luft sind wir verloren: wir können weder atmen, noch sprechen, uns nicht regen, nichts denken, fühlen, spüren.

Und wo ist jetzt das Schloß für diese schlüssige Erkenntnis? Ja, ganz richtig, in Ihrer Nase haben Sie den Zugriff zu Ihrer Natur! In Ihrer Nase finden Sie das Schloß zum Motor Ihres Körpers. Schnüffeln Sie ein ganz klein wenig und schon hat sich die Theorie in Praxis verwandelt: die Erkenntnis ist spürbar als Emotion.

Instinkte, Reflexe, Gedanken, Gefühle, alle Sinneseindrücke speisen die Emotion. Ja, Ihre Emotion ist der Motor – für Ihren Körper, Ihre Seele, Ihren Geist.

Geist und Seele sind für die meisten Menschen unvorstellbar, da ungreifbar. Viele verneinen sogar deren Existenz. Manche Menschen wiederum übertreiben und versuchen, Ihre geistigen und seelischen Kräfte durch Magie oder Zauberei zu steigern, um damit eine unnatürliche Macht zu erwerben.

Also lassen wir Seele und Geist einmal an ihrem Platz – im Unbewußten – und nehmen wir „nur" unseren Körper zur Kenntnis. Aber das ganz bewußt. Werden Sie sich Ihres Seins bewußt, spüren Sie, jetzt ist der springende Punkt erreicht: der Körper vermag sich selbst in seiner Natürlichkeit zu schützen!

Unsere Lebensaufgabe besteht also vorrangig darin, unser Bewußtsein zu öffnen für die physischen und psychischen natürlichen Gesetzmäßigkeiten in unserem Körper. Seinen eigenen Wert im Körper – und das ist zugleich auch die Seele und der Geist – zu spüren! Dies ist nicht nur der Schlüssel zu Ihrem Bewußtsein, sondern auch der Schlüssel zum Naturschutz!

Zu allen Zeiten, seit die Menschheit besteht, wurden gesellschaftliche, religiöse, philosophische Hilfen angeboten.

Warum können wir sie nicht wirklich nützen? Warum siegt offensichtlich immer der Kampf, die Not, der Krieg, die Macht? Was ist zu tun? Was ist zu lassen?

Der Weg wäre so einfach: alles fließt... Alles ist in Fluß, in Schwingung. Von einem Pol zum andern Pol. Viel Raum und Zeit könnten wir beanspruchen, um Polaritäten aufzuzählen.

Das ist jedoch nicht wichtig. Notwendig ist nur die Erkenntnis: eins allein kann nicht existieren!

Wo ein Minus da ein Plus, wo weiblich da männlich, wo negativ da positiv, wo Yin da Yang. Beeinträchtigen, unterdrükken wir das eine, ist der Zusammenbruch des anderen unausbleiblich.

Viele Naturschützer sind übereifrige Verfechter einer guten Sache und verdammen eine andere. Aber darum kann es wohl kaum gehen.

Genausowenig geht es darum, irgend jemanden zu beschuldigen oder zu bekehren. Die Natur, die Natürlichkeit in allen Gegebenheiten des Lebens zu entdecken und anzuerkennen, sollte das Ziel menschlichen Bemühens sein!

In diesem Sinne hat auch die Wirtschaft und die Technik eine natürliche Entwicklung.

Wer das berücksichtigt, beansprucht Qualität! Achten wir den Menschen – jeden einzelnen – in seiner Einmaligkeit, sind wir bereit, sein Leben zu erhalten, zu schützen, zu pflegen! Pflege ist Kultur! Kultur ist Pflege des Natürlichen und der Natur! Also Natur und Kultur in Harmonie.

Gelingt uns dies, dann hat der Fortschritt in Technik und Wirtschaft seinen angemessenen Platz. Eine Utopie? Die Zukunft wird es zeigen. Das Wunderbare daran ist, daß die Zukunft in jedem Moment beginnt und immer wieder neu formbar ist. Lassen Sie uns beginnen...

Ich danke Ihnen für Ihre Aufmerksamkeit und schließe mit einem Wort von Mahatma Gandhi: Es gibt keinen Weg zum Frieden – der Friede selbst ist der Weg.

* * *

„Naturschutz beginnt beim Menschen" können Sie auch über das Ohr aufnehmen. Die Kassette enthält den gesamten Vortrag mit allen Anregungen und Übungsanleitungen.

Auskunft bei der Autorin und über den Verlag.

Fitneß für Kopf und Persönlichkeit:

Stimmbildung und Gedächtnistraining

Entwicklung ist immer möglich

Es ist wissenschaftlich erwiesen, daß Entwicklung immer möglich ist. Das heißt, jederzeit und überall befindet sich jedes Lebewesen in einem Zustand des Fließens, des Übergangs. Schon die aus dem Altertum stammenden Weisheiten verkünden dieses Phänomen. (Heraklit: Alles fließt) Mit diesem Prinzip mitfließend ist diese Arbeit eine Grundlage, die notwendigen Bedürfnisse des menschlichen Lebens in einem künstlerischen Überblick zu erfassen. Alle Vorschläge sind Ergebnisse und Erkenntnisse aus meiner Arbeit mit sehr vielen Menschen unterschiedlicher Altersgruppen. Jeder einzelne hatte das Bedürfnis, mit seiner Stimme zu arbeiten.

Ich lebe in der Überzeugung, daß die Arbeit an der Stimme den Schlüssel zur Entwicklung für Kopf und Persönlichkeit prinzipiell in sich trägt. Dafür habe ich in Kursen, Seminaren, Vorträgen, Büchern und Beiträgen und vor allem im persönlichen Gespräch immer wieder die Bestätigung bekommen.

Gezieltes Training verbessert die Funktion

Wessen Funktion nicht stimmig ist, befindet sich in einer schwierigen Situation. Denn nicht stimmig sein, heißt ja noch lange nicht, daß etwas krank oder funktionsuntüchtig ist. Es ist schwer, hier eine Grenze zu ziehen. Oft ruft man nach dem Fachmann, der Fachfrau. Tatsächlich ist es so, daß der Mensch, der einen Überblick durch sein Fachwissen hat, befähigt ist, etwas besser und schneller festzustellen. Aber leider geht es ja nicht nur ums „Wissen", sondern ums Tun! Der Mensch, der tut, ist auf dem Wege. Der Mensch, der fragt, ist bereit sich zu informieren, ist bereit, sich helfen zu lassen. Und erst im Zuge des Austausches von Mensch zu Mensch, kommt es zu Situationen, die man als Training benützen und gezielt einsetzen kann. In den letzten Jahrzehnten haben sich an die 400 Therapieformen entwickelt und sehr viele begeben sich in Therapie, leider nicht immer mit Erfolg. Auch gibt es auf diesem Gebiet viele Mißverständnisse. Es kann immer nur dann zu einer sinnvollen und zielführenden Therapie kommen, wenn vorher mit Verantwortungsbewußtsein und klarer Erkenntnis eine Diagnose erstellt wurde.

Manchmal ist es so, daß die Menschen verlernt haben zu lernen, nicht mehr wissen, wie man konkret und korrekt an die Lösung einer Aufgabe herantritt und zum Ziel kommt. Da das Lernen – das Tätigsein an sich ist ja Lernprozeß – nicht nur zufriedenstellt, sondern grundlegend die Funktionen trainiert, sollte man diagnostizieren, warum und wieso ein Mensch Lernprobleme hat. In jedem Problem selbst liegt die Lösung verborgen und jedes Problem basiert auf einer funktionellen Schwäche. Dieses zu erkennen und zu akzeptieren, erspart nicht nur manchmal eine Therapie, sondern öffnet Türen zu Bewußtwerdung und Weiterentwicklung. Diese Schritte gehen meist langsam vor sich. Man tut gut daran, ein Konzept zu erstellen, und dieses dann hellhörig und vorsichtig in die Tat umzusetzen. Trainingsweg in Kurzfassung: Diagnose – Konzept – Kontrolle – Korrektur – Zielerreichung.

Das menschliche Leben basiert auf einer Gesetzmäßigkeit

Tag für Tag erleben wir am eigenen Leib die Gesetzmäßigkeit des Lebens. Beglückend und bereichernd, aber auch daran leidend. Manche Menschen schaffen es, in spielerischer Leichtigkeit, die Natur anzunehmen, sich in sie einzugliedern, glücklich und erfolgreich zu sein. In der Literatur, in den Medien findet man viele Beispiele: „Von Tag zu Tag" und die Sendung „Vom geglückten Leben" zeigen Schicksale, wie man das Leben erfolgreich bewältigen kann. Ganze Berufszweige leben andererseits aber vom Aufzeigen mißglückten Lebens. Berichte über tragische und katastrophale Zustände scheinen weitaus häufiger und beachtenswerter zu sein. Man darf aber weder an der Oberfläche, noch an den Schlagzeilen hängenbleiben, denn sonst könnte man zu manchen Zeiten an der Menschheit verzweifeln. Auch ist es unbedingt notwendig, für sich selbst die natürliche Gesetzmäßigkeit mit der aus dem Zeitgeist entstandenen Gesetzlichkeit kritisch zu vergleichen und Distanz zu schaffen.

Eine zielführende Bewertung kann immer nur mit etwas Abstand erfolgen. Gerade durch diese Sichtweise entstehen Hoffnungsschimmer und Möglichkeiten, das Vertrauen in die Gesetzmäßigkeit der Natur auf allen Ebenen wiederzufinden.

So kann man in Zeiten des Zweifels mit kühler Überlegung Gewinn und Verlust abschätzen und gegeneinander abwägen. Schon allein das Bemühen darum hilft, sich aus einem besorgten Zustand herauszuholen. Beobachtet man unbefangene Kinder und Jugendliche, so kann man dieses Verhalten feststellen und auch Erwachsene, die mit den Schwierigkeiten des Lebens zurechtkommen, tun dies in bewundernswerter Art und Weise.

Lernwilligkeit ergibt sich aus der Akzeptanz der Mentalität

Ein Mensch – gleich welchen Alters – der sich lernwillig verhält, lebt in Harmonie mit seiner Mentalität. Geschieht dies unbewußt, erlebt man diese Menschen als ausgeglichene, meist zufriedene Zeitgenossen, die ihr Leben unter dem Motto „Leben und leben lassen" führen. Ist dieses Verhalten ins Bewußtsein gehoben, ist es Frucht disziplinierter Arbeit an sich selbst. Es kommt aber ganz auf die individuelle Veranlagung an.

In früheren Zeiten, wo mehr Menschen sich auf Hausverstand und Mutterwitz verlassen haben, konnte man Menschen treffen, die ohne jegliche Schulbildung ihre Mentalität harmonisch entwickelt hatten. Allerdings ist eine einfache, natürliche Lebensweise dazu Voraussetzung. In der heutigen übersättigten, übertechnisierten Zeit – in unseren Breitegraden – ist das leider nicht so leicht, aber doch möglich.

Durch die Verschiebung der Werte ist eine große Unsicherheit weit verbreitet. Orientierte man sich früher an Charakterfestigkeit und Herzensbildung, scheinen heute Konsumverhalten und Werbeslogans den Ton anzugeben.

Es bedarf einiger Überwindung und Selbstsicherheit, aus dem großen Angebot auszuwählen. Klug – in recht verstandenem Sinne – heißt, in harmonischer Übereinstimmung der Wünsche und Ziele das für einen Notwendige selbst zu erkennen und durchzuführen. Dazu sind mentale Fähigkeiten grundsätzlich nötig. Reagiert ein Mensch seiner Mentalität entsprechend, zeichnet sich das Ergebnis durch Echtheit und Ehrlichkeit aus und besteht nicht nur aus einem Einsatz rein intellektueller Fähigkeiten.

Das Primärste im menschlichen Leben ist die Stillung der Grundbedürfnisse

So einfach und selbstverständlich dieser Satz klingt und man meinen sollte, daß jedermann ihn beherzigt, so erschreckend ist die Tatsache, daß es bei problematischen Lebenssituationen genau daran mangelt. Die Entwicklung in der Menschheitgeschichte zeigt zu allen Zeiten, daß es Menschen gibt, die es sich zu richten wissen und solche, die nicht fähig sind, ihr Leben eigenständig zu gestalten, um erfolgreich zu sein.

Der Mensch benötigt Bewertungen zu seiner Orientierung. Wertvorstellungen werden von Generation zu Generation weitergegeben, aber leider auch oft ungeprüft übernommen und angewandt. Das Leben an sich ist einfach und klar. Die Deutung desselben ist kompliziert, komplex, widersprüchlich, schwierig und vor allem unterschiedlich. Meist bringt ein Leidensdruck, der an physisch-psychische Grenzen führt, den Menschen zur

Besinnung, so daß er bereit wird, in Eigenverantwortung seine primärsten Bedürfnisse zu stillen.

Atmung – Bewegung – Ernährung sind die drei Säulen des Lebens. Die Dreiheit bedingt sich gegenseitig und beinhaltet alles, was wir zum Leben benötigen, besonders wenn man es in der körperlich-seelisch-geistigen Einheit anzuwenden versteht. Diese Dreiheit findet ihren prinzipiellen Ausdruck in der Zweiheit. Die Polarität ist das Grundgesetz unserer Erde.

Wollen wir bestehen – also leben – müssen wir „dazwischen" sein. Interessiert sein ist eine Grundvoraussetzung, um leben zu können. Daher ist das Interesse eines Menschen, wofür auch immer, Ausdruck seines Wesens und zeigt den Weg zur Unterstützung und Hilfe. Die Priorität, die zu geglücktem, erfülltem Leben führt, die es ermöglicht, auch geistige Ansprüche zu erfüllen, geht zuerst über den persönlichen Nutzwert. Das klingt im ersten Moment berechnend und schrecklich egoistisch, ist es aber keineswegs.

Denn wer seine Bedürfnisse in bewußter, selbstverständlicher Art zu stillen vermag, ist meistens auch fähig und bereit, die Bedürfnisse anderer zu erkennen und zu berücksichtigen. In der Maslow'schen Bedürfnispyramide wird dies sehr klar dargestellt. Drei grundlegende Bedürfnisse wollen in jedem Menschen gestillt sein: die existentiellen, die sozialen und die Ego-Bedürfnisse.

Der amerikanische Psychologe A. H. Maslow zählt zu den existentiellen Bedürfnissen nicht nur die physiologischen (Nahrungs- und Flüssigkeitsaufnahme, Schlaf, sexuelle Befriedigung, Ausscheidung), sondern auch die Sicherheitsbedürfnisse: Vermeidung von Gefahr, Bedrohung oder Unsicherheit. Die Befriedigung der sozialen Bedürnisse basiert auf Kontaktsuche: das Bedürnis, einer Gruppe anzugehören, Einsamkeit zu vermeiden und im Beisein anderer Menschen zu arbeiten. Dadurch können die Bedürfnisse nach Anerkennung und Wertschätzung gestillt werden. Es umfaßt sowohl das Bedürfnis nach Selbstanerkennung, als auch das nach Fremdanerkennung. Selbstanerkennung bedeutet das Gefühl, bei anderen einen Eindruck hinterlassen zu haben; das Gefühl, etwas Wichtiges, Vernünftiges geleistet zu haben, aber auch Gefahr zu verhindern. Die andere Form von Bedürfnis nach Wertschätzung ist der Wunsch, von anderen Menschen respektiert zu werden, Prestige und Status innerhalb einer sozialen Gruppe innezuhaben.

Die Ego-Bedürfnisse umschreiben das Bedürfnis nach Selbstentfaltung und Selbstverwirklichung, das Bedürfnis nach Wissen und Verstehen. Maslow geht davon aus, daß der Mensch so lange unzufrieden und ruhelos ist, solange er nicht tun kann, wozu er fähig ist: ein Dichter z.B. muß dichten. Jeder Mensch sucht Lebens- und Arbeitsbedingungen, die seine ureigensten Fähigkeiten herausfordern. Wenn die anderen Bedürfnisse befriedigt sind, wird der Mensch neugierig und beginnt seine Umwelt zu erkunden, um Betätigungsfelder für seine Selbstverwirklichung zu suchen. Das Besondere an Maslows Theorie ist weiters die Aussage, daß die zuerst genannten Bedürfnisarten befriedigt sein müssen, bevor der Mensch danach strebt, die Bedürfnisse der nächsten Stufe zu befriedigen.

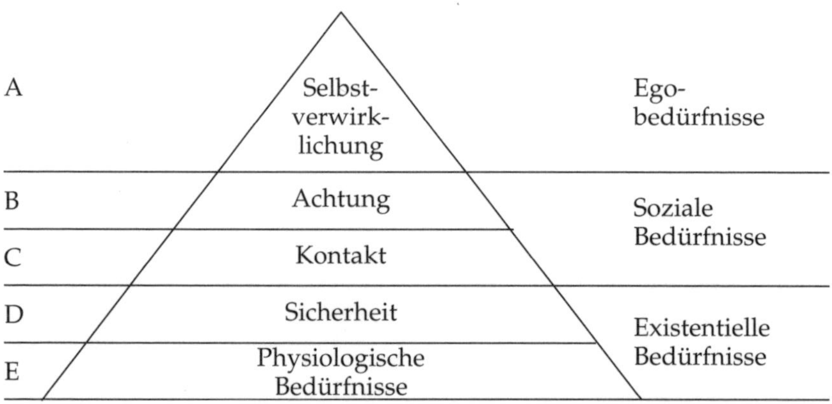

(Die Beschreibung der Bedürfnispyramide entstammt dem Fernkurs der Wiener Volkshochschulen „Weiterbildung für Erwachsenenbildner" 1982)

Beeinflussung ist über Motivation möglich

Fühlt man sich motiviert, ist man in Fluß. Kommt etwas ins Fließen, motiviert es! Fast könnte man sagen, daß Motivation die Voraussetzung zur Stillung der Grundbedürfnisse ist. Strebsame Menschen verhalten sich auch danach. Ein leicht gangbarer Weg, jemandem zu helfen, besteht darin, ihn zu motivieren. Gute Motivation hilft, sich besser entscheiden zu können. „Letzlich gibt es keine geistige Leistung ohne Motivation!" Dr. Bauer/Freiburg. Motivation ist eine Lebenshilfe.

Das Lebensprinzip heißt Anspannung – Entspannung

Flexibilität – ein Zauberwort! Wer nicht flexibel ist, erleidet Einbußen auf allen Linien. Flexibilität heißt Biegsamkeit. In der Psychologie ist es die Fähigkeit eines Menschen, sich im Verhalten und Erleben wechselnden Situationen rasch anzupassen. Flexibel sein heißt, auch abwandelbar, änderbar zu sein. Im Reflex geschehen Dinge, die man weder so schnell erfassen, noch bedenken kann, wie sie schon geschehen sind. Ein Reflex ist nicht nur eine unbewußte Reizwirkung, sondern auch ein Widerschein.

Anspannung und Entspannung ist die Zielgerade zur Flexibilität! Korrekte Anspannung und Entspannung bringt Spannkraft und damit Energie – das bedeutet Gesundheit! Um gesund zu sein, zu werden, zu bleiben, muß der Mensch ein Mindestmaß an körperlicher und geistiger Arbeit leisten und geübte Abwehrkräfte haben. Diese Ganzheitlichkeit drückt sich aus in einer Ausgewogenheit, einer Balance zwischen rechts und links, oben und unten, vorne und rückwärts. Spricht man von Wohlergehen, ist das psychisch-physisch, mental und emotional gemeint. Dieser Zustand kann nur eintreten, wenn das Gehirn genügend Blut- und Sauerstoffversorgung hat. Die Aktivierung der Nervenzellen findet nicht nur durch Sinneseindrücke statt, sondern auch durch und über die Reflexzonen. Die echte, angeborene Tiefatmung bietet Massage von innen. In dieser Atmung finden wir das Grundprinzip Anspannung – Entspannung. Atmet der Mensch nicht mehr richtig, geht langsam aber sicher das Verständnis für echte Spannkraft verloren!

Wüßten mehr Menschen über die Zusammenhänge zwischen Atmung – Psyche – Physis – Stimme – Selbstwertgefühl – Gesundheit Bescheid, viele Probleme könnten in den Anfangsstadien erkannt und gelöst werden. Die Bewegung ist den meisten Menschen vertrauter als Gradmesser für Spannkraft. In Wirklichkeit ergänzen und bedingen sich Atmung und Bewegung.

Falsch verstandene Atem- und Bewegungsübungen können das Bewußtsein verändern und krank machen. Das so vielen Menschen unverständliche Polaritätsprinzip Yin – Yang kann durch einfache und vor allem richtige Atem- und Bewegungsübungen am eigenen Leib erspürt und erklärt werden. Solange Instinkte und Reflexe natürlich funktionieren, ist auch Anspannung und Entspannung abgesichert. Normale, vernünftige, natürliche Trainingsmethoden steigern das Wohlergehen!

Persönlichkeit ist bildbar

Das Wort Persönlichkeit hat in der Philosophie und Theologie im Laufe der Zeiten Wandlungen durchgemacht. Die vier Lehrsätze von Kant: Was kann der Mensch wissen? Was soll der Mensch tun? Was darf der Mensch hoffen? Was ist der Mensch? drücken aus, daß die Persönlichkeit eines Menschen zu hohen und höchsten Idealen vervollkommnet werden sollte.

In der Psychologie wurde der Personenbegriff in den Mittelpunkt gestellt und das Verhältnis des Ichs zum Gegenstand betont. Die Personalität eines Menschen drückt sich in allen Eigenschaften aus, die das ganze Wesen eines Menschen betreffen. In der heutigen Erziehung werden viele Begriffe nicht mehr so eng gesehen und streng gedeutet, sodaß die Individualität einen viel größeren Raum einnimmt.

Ein guter Pädagoge bemüht sich um eine gerechte Erziehung, die weder zu sehr einschränkt oder unterdrückt, noch den jungen Menschen in eine Sonderstellung oder Überforderung hineindrängt. Die Grunderziehung eines Menschen ist geprägt durch die Familie, in der er aufwächst. Die Anlagen und Begabungen sollten gepflegt und gefördert werden.

Sonare heißt tönen und singen, also drückt sich im Wort schon aus, daß etwas hindurchtönt. Genau das zeigt den Kern der Erziehung: der Mensch lautiert und findet in der Lautierung seine Persönlichkeit. Wie man ein Kind lehrt zu sprechen, in welcher Art und Weise es seine Vokale und Konsonanten bildet, vermag seine Persönlichkeit enorm zu prägen. Die Grundlage zum Sprechen und Singen liegt in der Persönlichkeit begründet und erfaßt alle Bereiche des menschlichen Lebens.

Bildung ist Entwicklung

Im Kindergarten, von der Grundschule bis zur Hochschule, in der Lehre erfährt der Mensch Bildung. Im Laufe der Zeiten haben sich die Bildungsideale gewandelt. In der Politik ist die Bildung ein Streitfaktor zwischen den Parteien und wird leider oft zum Politikum. In verschiedenen Ländern und Kulturen gibt es große Unterschiede. Heutzutage gibt es noch immer und leider auch schon wieder Analphabeten. Bildung ist ohne Schreiben, Lesen und Rechnen nicht möglich und dem allen liegt die Sprache, die Phonation zugrunde. Ganz offensichtlich und hörbar sind die Zusammenhänge, und das Eingreifen über die Entwicklung und Bildung der Stimme ist möglich.

Die Natur hilft, unterstützt und führt: Kinder johlen, schreien, rufen, trällern, brüllen, summen, singen nach Herzenslust. In diesem lustvollen Tun wird nicht nur die Lunge und Atemmuskulatur gestärkt, sondern es werden auch die Resonanzräume in Kopf und Brust erschlossen. Dies garantiert eine gesunde und weiterführende Entwicklung, nicht nur der Muskel, sondern auch der Nerven. Damit sind auch die Gehirnzellen erfaßt und somit ist klar: ohne Stimmeinsatz verkümmern Denken und Fühlen. Erst wenn ein Kindlein auf Grund seiner energetischen und muskulären Entwicklung den Mundraum beherrscht, kommt es zur Bildung von Konsonanten und Vokalen. Die Urlaute, die es von Beginn an produziert, bereiten die Sprache in wunderbarer Art und Weise vor.

Hat ein erwachsener Mensch den Wunsch, an seiner Stimme und Sprache erziehend zu arbeiten, bleibt ihm niemals erspart, sich mit seinen Urlauten und somit mit seiner Atmung auseinanderzusetzen. Therapeutische Aspekte sind dadurch fast selbstverständlich programmiert.

Die Bildungs- und Lehraufgabe der österreichischen Schulen ist so formuliert:

SPRECHERZIEHUNG

Bildungs- und Lehraufgabe:

Unter Berücksichtigung regionaler Mundart müssen die für den künftigen Beruf erforderlichen Sprechtechniken und Sprechformen in einer der Hochsprache angenäherten Form (Standardsprache) erworben werden. Den Studierenden soll bewußt werden, daß die Vorbildwirkung bedeutsam für das richtige Sprechverhalten der ihnen anvertrauten Kinder ist. Sie sollen durch eigenes Tun erfahren, daß sich die Gesamtpersönlichkeit des Lehrers auch durch die Art des Stimm- und Sprachgebrauchs (einschließlich Körperhaltung, Körpersprache, Mimik, Gestik) manifestiert. Ziel der Sprecherziehung ist eine ökonomische, gesunde, tragfähige, von richtiger Atmung bestimmte Stimme, die Kontakt zum Schüler herstellt und damit eine optimale pädagogische Situation ermöglicht. Es ist ein ökonomisches Sprechen zu erreichen, das den Menschen in seiner physiopsychischen Einheit erfaßt.

Lehrstoff:

Wichtigste Kenntnisse über stimmhygienische Maßnahmen, über physiologische Vorgänge beim Sprechen und Möglichkeiten von Diagnose (Therapie) auffälliger Sprech- und Sprachfehler sind zu vermitteln. Ausgehend von einer richtigen Atemtechnik sind ein weich-elastischer Stimmeinsatz, ein richtiger Stimmsitz und plastische Artikulation anzustreben.

Das Auffinden der individuellen Sprechtonhöhe, die Anpassung der Sprechstimme an den Raum und verschiedene Formen berufsbezogenen Sprechens (Vorlesen, Erzählen, Vortragen, Erklären) sind zu üben. Dabei ist – unter Berücksichtigung der Persönlichkeitsstruktur des Sprechenden – die Bedeutung der Körpersprache mit ihrer Vielfalt an Möglichkeiten aufzuzeigen. Die wichtigsten Ausspracheregeln der Hochsprache und Grundregeln sprachlicher Kommunikation sind zu vermitteln.

Mentale Fähigkeiten beruhen auf Aufmerksamkeit und Vorstellungsvermögen

Die Wahrnehmung erfolgt über unsere Sinne (sehen, hören, riechen, schmecken, tasten). Im Volksmund heißt es so schön: seine fünf Sinne beisammenhalten! Dieser Zusammenhalt ergibt das Wichtigste, nämlich die Zentrierung. Leider ist das weder in der Medizin, noch in der Psychologie und schon gar nicht in Soziologie, Philosophie und Religion genügend dargestellt.

Ohne Zentrierung kann überhaupt nichts stattfinden. Die Natur in ihrer Weisheit gibt uns alles vor. Jedes Lebewesen, jedes Ding von Wert besteht durch Zentrierung, so auch in besonderem Maße der Mensch.

Das Zentrum im Kreis ist leicht vorstellbar, auch noch das in der Kugel. Das Zentrum eines ovalen Gegenstandes oder das Zentrum eines Vierbeiners zu finden ist schon schwieriger. Und so mancher Mensch hat seine Zentrierung in keinster Weise ins Bewußtsein gehoben. Und das ist äußerst schade, denn da ist der größte Haltepunkt, den ein Mensch sich wünschen und vorstellen kann. Wer zentriert ist, findet zur Konzentration – ganz automatisch und damit zu Ruhe und Aufmerksamkeit.

Der Verstand kommt aus dem Stand. Verstand setzt sich zusammen aus Auffassung – Verarbeitung – Anwendung. Die Leistung, die über den Verstand möglich ist, wird von der Intelligenz und dem Merkvermögen geprägt. Die intellektuelle Leistungsfähigkeit ist eng mit der Herztätigkeit und dem Kreislaufsystem verbunden. Das Stoffwechselsystem liefert die Aufbaustoffe für das Gehirn, so daß die intrazellulären, neuralen Impulse weitergeleitet werden können. Die geistige Leistungsfähigkeit hängt von der Stabilisierung der Kontaktstellen (Synapsen) zwischen den Nervenzellen des Gehirns ab. Eine multimodale Aktivierung vermag positive Anreize zu setzen.

Die Bewußtwerdung der einzelnen Schritte ist hilfreich und notwendig: wer gut und richtig atmet, dessen Gehirn ist mit genügend Sauerstoff versorgt, wer richtig und gut atmet, bekommt ein größeres Bewegungsbedürfnis. Durch gute Bewegung und Atmung wird auch in die Ernährung eingegriffen. Je vernünftiger ein Mensch ist, desto mehr kann er mit der Ernährung, Bewegung und Atmung sein physisch-psychisches, mentales und emotionales Wohlergehen beeinflussen. Und der „Verstand" ist es auch, mit dem man entscheidet, wie, wann, womit man am besten seine Aufmerksamkeit, sein Vorstellungsvermögen, seine Wahrnehmung und seine Intelligenz steigern kann.

Eine wunderbare Unterstützung bekommt dieser ins Bewußtsein zu rufende Prozeß durch das Unterbewußtsein. Im Volksmund als sechster Sinn bezeichnet, versuchen die Menschen seit altersher die Intuition zu fassen. Meiner Erfahrung nach ist auch die Intuition über die Zentrierung, also die Konzentration, zu fördern. Die einfachste und gesündeste, und damit natürlichste Verbindung geht über den Instinkt. Instinkt – Intuition – Intellekt – Inspiration.

Motivation zur Lern- und Merkfähigkeit

Der Mensch, der Vertrauen in die eigene Leistungsfähigkeit hat, fühlt sich motiviert, zu lernen. In den Phasen des „noch nicht" und „nicht mehr", Kindheit und Alter, sind wir in weit größerem Ausmaß von unseren Bezugspersonen abhängig. In der Mitte des Lebens sind wir gut beraten, unsere intellektuelle Leistungsbereitschaft selbst zu fordern und zu fördern und zu größtmöglicher Selbständigkeit zu kommen. Denken zu können ist ein äußerst befriedigender Akt, und wenn man lernt, mit seinen Gedanken und Gefühlen kreativ und schöpferisch umzugehen, hat man den Schlüssel für einen wunderbaren, unerschöpflichen Raum in der Tasche. Begriffe müssen gebildet werden, und wir legen uns eine Ordnung zurecht. Sehr hilfreich ist es, diese Ordnung systematisch anzulegen. Denn es geht um unglaublich viele Eindrücke, viele Reize: Bilder, Worte, Muster, Zahlen, Objekte,... Erfahrungen psychisch-physischer Art. Sobald etwas unüberschaubar wird, werden Regeln gebildet, damit man sich besser zurechtfindet.

Daher kann man sagen: Begriffsbildung ist eine systematische Ordnung von Klassifikationsregeln einer Menge von Reizen. Je flexibler wir im Umgang mit diesen Regeln sind, desto leichter können wir Probleme bewältigen. Genau darin liegt die Aufgabe von Erziehung und Schulung: Wie lernt ein Mensch Probleme zu bewältigen? Zuerst geschieht es spielerisch, in der Familie – oft liebevoll. Und genau da ist der springende Punkt: wo die – richtig verstandene – liebevolle Zuwendung fehlt, wird die Motivation zerstört. Ein Mensch kann und will sich nicht merken, was ihm Unlustgefühle oder sogar Schmerzen vermittelt, Angst einflößt oder Pein bereitet. Das Lernverhalten ist aber zum Glück mit der Neugier gekoppelt, sodaß auch ein frustrierter Mensch – jung oder alt – seine Fähigkeit, zu lernen beibehält. Vielleicht ist die Lernfähigkeit behindert oder gedrückt, aber bei den meisten Menschen geht sie nie ganz verloren.

Denn leben ist lernen und ein großer Schritt in diesem Lebenslernprozeß heißt: Überwindung! Also, man kann sich selbst überwinden: ein reifer Entschluß, eine reife Leistung.

Konfuzius meinte schon vor sehr langer Zeit: „Der Normale lernt aus seinen Fehlern, der Kluge lernt aus den Fehlern der andern, der Dumme lernt nicht einmal aus den eigenen Fehlern."

In der Schule lernen wir – hoffentlich – zu lernen, lernen wir – im besten Fall – unterschiedliche Methoden, uns etwas zu merken. Kommen wir aus einem „guten" Elternhaus, sind wir schon gut vorbereitet. Das heißt, wir haben gelernt, unsere primärsten Bedürfnisse zu stillen, so daß wir aufnahmefähig sind für abstrakte Begriffe.

Eine Zahl, ein Buchstabe, eine Note ist ein abstrakter Begriff. Ist der Lehrer, der Betreuer, pädagogisch geschult, hat er es im „G'spür", wie man die Aufnahmsfähigkeit fordert, ohne sie zu überfordern. Er zeigt, wie man das Denkvermögen schult, er hilft, zu große Lernschritte in kleinere zu zerlegen. Aber nicht zu klein, denn sonst wird der Schüler bequem und erwartet immer, daß ihm etwas vorgekaut wird. Ein guter Pädagoge hat vor allem eines im Griff: er vermag die Freude zu erhalten und zu steigern!

Etwas zu finden, beglückt ungemein – ein Gedanke, ein Gefühl, ein Wort, ein verständnisvoller Blick ist wie ein kostbarer Fund! In erster Linie sucht jeder Mensch – gleich welcher Altersstufe und welchen Geschlechts – immer Anerkennung, Achtung, Liebe! Findet der Mensch dies, fühlt er sich sicher und geborgen. Genau diese zwischenmenschlichen Aktionen finden auch in einem selbst statt. In jedem Wort, das gut artikuliert aus einem tönt findet man Sicherheit. Es verstärkt den Kontakt zu sich selbst. Gedanken und Gefühle, die ehrlichen Ausdruck finden in Worten, in der Gestik und Mimik, unterstützen die Anerkennung, Achtung und Liebe vor und zu sich selbst.

Dadurch ist man fähig zur Leistung. Leistung macht froh. Sich etwas zu merken und abrufbereit parat zu haben, verschafft Glücksgefühle. Die Reproduktionsgüte ist der Maßstab für die Aufnahms-, Lern- und Merkfähigkeit eines Menschen. Das sensorische Register – in erster Linie Augen (ikonisch) und Ohren (echotisch) – steigt und fällt mit der Atmung und der Beherrschung aller anderen Sinne, inklusive der Intuition (sechster Sinn). Die Speicherkapazität, das Kurz- und Langzeitgedächtnis zu trainieren, ist Motivationssache.

Natürlichkeit bietet Hilfe

Ein Mensch ist dann natürlich, wenn seine Instinkte und Reflexe gut funktionieren und seine Sinnestätigkeit daher selbstverständlich und problemlos über die Nervenbahnen abläuft und Gedanken und Gefühle entstehen läßt. Im Laufe unseres Lebens lernen wir, unsere Gedanken und Gefühle auszudrücken – natürlich auch, wann es vernünftiger ist, diese bei sich zu behalten – und meinen wir es ernst, folgt daraus die Tat. Ist dieser Prozeß kontinuierlich und angenehm, haben wir dadurch Freude und Erfolg, sind wir natürlich und bleiben es auch. Der natürliche Kreislauf bietet immer und überall Hilfe und Schutz. Natürlich ist es, spontan zu reagieren. Tritt durch physische, psychische, mentale Störungen eine Veränderung ein, helfen der Körper, der Geist, die Seele unglaublich lange und gleichen aus. Man spricht dann von Energieausgleich. Das ist völlig normal. Und man fühlt sich auch normal.

Eine Schwierigkeit entsteht dabei: erkennt man die Ausgleichshaltung nicht als solche, gewöhnt man sich an sie und empfindet nun seine – ausgleichende – Norm als natürlich. Da kann eine Fehleinschätzung entstehen! Das sind die Momente, wo einer zum andern sagt „Sei doch natürlich!" oder „Sei bitte spontan!" oder „Sei locker!". Das „natürliche" Resultat solcher Hinweise kennt jeder aus eigener Erfahrung: man verkrampft sich. Aber auch das ist eine natürliche Schutzfunktion und man tut immer gut daran, auf sich selbst, auf seine innere Stimme, zu hören und ihr zu gehorchen. Denn die führt einen an die Grenze – da gibt es Halt und wieder einen Neubeginn. Jeder Sturz, jeder Stoß, jede Negation, jede Kritik oder Zurückweisung – so schmerzhaft es auch sein mag, bietet eine Grenzerfahrung, ein Ankommen, eine Orientierung.

In den schwersten Zeiten meines Lebens bot mir dieser Spruch Schutz und Halt: Wir können niemals tiefer fallen als in Gottes Hand! Und auch das ist Natürlichkeit, Schutz zu suchen bei Größeren, Mächtigen! Die drückende Last, die Verantwortung abgeben zu können. Religio bedeutet ja, zum Ursprung zurückkehren! Dieser Gedanke vermag in Hirnen und Herzen Frieden zu stiften, zur oft und immer wieder von neuem fehlinterpretierten und mißverstandenen Religion – gleich welcher Glaubensrichtung. Natürlichkeit bedeutet nicht nur Himmel, Berge, Bäume, Wiesen, Seen, Meere, Tiere oder Blumen zu bewundern, sondern auch die eigene Natur in sich selbst zu entdecken. Verborgene Schätze zu heben ist ein Abenteuer – ein natürlicher Mensch tut dies täglich und gewinnt dadurch Freude und Lebensmut.

Lebenserfahrungen freudig und mutig zu verarbeiten, ist ein Zeichen von Gesundheit. Die Krankheit ist der Gegenpol zur Gesundheit und wir bekommen durch die Krankheit die Chance, zu gesunden. Alle Abläufe des Körpers sind eingebettet in physikalische und elektromagnetische Energiefelder. Solange die Impulse harmonisch gesteuert werden, ist das Immunsystem intakt. Fällt der Mensch aus diesem Gleichgewicht und vermag der Körper in seinen diffizilen Abläufen nicht mehr auszugleichen, erzwingt er sich Ruhe und Regeneration durch Ermüdung und Erkrankung. Jeder gute Arzt und Therapeut versucht zuerst die Selbstheilungskräfte zu aktivieren.

Genau darin besteht auch die Aufgabe eines guten Trainings – in welcher Zielrichtung auch immer. Gutes, richtiges Training aktiviert den Kreislauf der Energie und vermag dadurch sogar Heilungsprozesse in Gang zu bringen. Die meisten Menschen brauchen Sensibilisierungsprozesse. Dann wächst die Fähigkeit, eigenen Empfindungen zu vertrauen.

Mentales Training ist auch immer gesundheitliche Unterstützung. Der Volksmund in seiner weisen Deutung drückt es so aus: Gesundheit beginnt im Kopf und Krankheit in den Füßen. Und im alten Rom hieß es: mens sana in corpore sano. Dies ist eigentlich als Wunsch gedacht. So ist der Mensch in seiner Eigenverantwortung aufgerufen, daß es nicht nur ein frommer Wunsch bleibe. Die Ausgewogenheit zwischen Körper und Geist macht und hält gesund! Sich seiner Wirbelsäule als dem Halt des Körpers bewußt zu werden, vermag zu einer gesamtkörperlichen

Spannkraft zu führen, die die Brücke schlägt zur geistig-seelischen Kraft. Dann vermag sich der Mensch auch mit seinem Schicksalsweg zu beschäftigen. Dieses Schicksal anzunehmen weist den Weg zu wahrer Gesundheit auf allen Ebenen. Seine ganz persönliche Lebenskraft zu finden, zu steigern und optimal einzusetzen ist höchster Ausdruck von Natürlichkeit.

Kultur ist Pflege

Kultur ist nicht nur die Gesamtheit der geistigen und künstlerischen Lebensäußerungen eines Volkes, sondern auch Erziehung und Bildung. Ein kultivierter Mensch ist gepflegt und gebildet und strahlt vornehme Lebensart aus. Zu manchen Zeiten versucht die Mode und der Geltungstrieb diesen Zustand vorzutäuschen und es ist nicht immer ganz leicht, die Täuschung zu erkennen. Ein sicheres Zeichen von wahrer Kultur ist die Toleranz von Natürlichkeit und persönlicher Eigenart. Ohne die natürliche Individualität ist nämlich jede Entwicklung zum Scheitern verurteilt.

Will man beim Lösen kognitiver Hemmungen erfolgreich sein, ist es unbedingt notwendig, diesen individuellen Zugriff zu erfassen und zu pflegen. Es entsteht dann in unvorstellbar kurzer Zeit durch gedankliche und gefühlsmäßige Bindungen eine Basis, auf der der Mensch durch eigene Erkenntnis Rückschlüsse ziehen kann. Ein sogenanntes Aha-Erlebnis entsteht und das ist immer ein Startschuß zum Erfolg. Die Ambivalenz all dieser Vorgänge ist offenkundig und wird von den meisten Menschen intuitiv erfaßt und meistens völlig unbewußt ausgelebt. Diese Vorgänge ins Bewußtsein zu heben, birgt viele Gefahrenmomente in sich. Daher ist es ratsam, immer auf den inneren Antrieb – den Impuls zu warten. Selbstverständlich kann man auch äußere Impulse setzen – klugerweise nur in homöopathischen Dosen.

Je kultivierter etwas ist, desto feiner drückt es sich aus. Die Verfeinerung kann sich leider bis zur Unnatürlichkeit und Lebensunfähigkeit steigern – morbide Beispiele gibt es in Fülle. Zu manchen Zeiten ist es richtige Mode, die Kunst in solche Höhen zu schrauben, daß sie völlig unverständlich und unnatürlich erscheint. Aber man darf nicht vergessen, daß Kunst die Gesellschaft wie in einem Brennglas widerspiegelt. Je verrückter die Kunst, desto morbider die Gesellschaft.

Andererseits ist man niemals berechtigt, über irgend jemanden den Stab zu brechen. Alles was ist, hat seine Berechtigung. Wir selbst sind es, die einer Änderung bedürfen. Wenn wir erkennen wollen, dann können wir auch „bewußt" werden und dann ergibt sich völlig logisch eine Konsequenz: wir lernen! Wir dürfen lernen, wir sollen lernen – ein Gebot! Die meisten Menschen sind gegen Gebote allergisch. Sich dagegen aufzulehnen, sie möglichst elegant zu umgehen und dies höchstens als Kavaliersdelikt zu empfinden, gehört in vielen Kreisen zum guten Ton. Die verschiedenen Berufszweige, die es seit Menschengedenken gibt, schaffen hier in natürlicher Weise Ausgleich. (Kein Baum kann in den Himmel wachsen!)

Die Technik – anfänglich gedacht zur Unterstützung des menschlichen Lebens – ist ein Teil der Natur, der Kultur. Dort, wo Technik Natur und Kultur zerstört, entsteht Barbarei. Am Ende des 20. Jahrhunderts ist es erschütternd, wie weit diese verbreitet ist und wie die Menschen ohnmächtig den grausamen Folgen hilflos ausgesetzt sind.

Es gibt aber auch immer wieder herrliche, an Wunder grenzende Lösungen. Das Leid, den Krieg, die Not durchzustehen, scheint manchmal unmöglich. Aber wer an das Leben glaubt, faßt den Tod ins Auge und erhält dadurch die Kraft zu Widerstand, zum Kampf, zur Zivilcourage. Ist diese Kraft, die da wunderbarerweise entsteht, fruchtbar – das formuliert schon Goethe: was fruchtbar ist, allein ist wahr – kommen wir automatisch in Verbindung mit geistigen Kräften. Es gibt viele Menschen, die geistige Kräfte negieren, aber ob man daran glaubt oder nicht, sie sind wirksam. Wer sich bewußt mit diesen geistigen Kräften zu verbinden vermag, kann sogar Übermenschliches leisten. Größte Vorsicht ist allerdings geboten, denn der einzig richtige Weg ist schmal. Eine Gratwanderung! Irrwege sind Magie und Scharlatanerie. Überall dort, wo Achtung und Respekt ihren natürlichen, ehrlichen Anspruch verlieren, droht Gefahr. Wirkt geistige Kraft, verbindet sie sich mit der Seele.

Der Mensch ist eine Einheit: das Physisch-Psychische, das Seelische, das Geistige. Der Körper, die Seele, der Geist – ein Geheimnis. Das Wunderbarste an diesem Geheimnis ist, daß jeder Mensch, der auf dieser Welt geboren wird, den Auftrag hat, es für sich selbst zu entdecken und mit seinen einmaligen Anlagen zu entfalten. Jeder Mensch hat auf seine Art und Weise die Gaben dazu. Diese Individualität zu pflegen – das ist Kulturauftrag.

Praxis und Theorie

Sinnvolles Training hat als Basis eine korrekte Theorie, die sich in der Praxis bewährt. Die Logik, die dahinter verborgen ist, ist unglaublich befriedigend: aus einem Nacheinander wird ein Miteinander. Das Ziel ist der Erfolg. Vielleicht klingt das Wort Erfolg für manche Ohren suspekt. Doch im Endeffekt ist Erfolg das einzige, was zählt. Das Geheimnis des Erfolges ist, daß man alles, was man tut, bei sich selbst als Erfolg bucht. Jeder Rückschlag, jeder Fehler, jede Abweisung ist eine Erfahrung – eine negative. Hat sich der Mensch aus seiner Natürlichkeit nicht entfernt, empfindet er automatisch den negativen Pol als Gegenpol zum Positiven. Die Einheit minus – plus ist das polare Prinzip.

Leider fällt es Menschen unseres Kulturkreises relativ schwer, diese Wahrheit zu akzeptieren. Minus und negativ wird mit Schlechtigkeit verwechselt und gerne verdrängt. Der gerechte Ausgleich kommt aus dem Osten: das chinesische Yin-Yang Prinzip tritt seit Jahrzehnten immer mehr ins Bewußtsein. Menschen interessieren sich für die chinesische Medizin und erfahren am eigenen Leib die Meridianlehre und die Reflexzonen. Doch auch ohne östlichen Einfluß findet Befreiung statt: die Emanzipationsbewegung der Frauen! Die Übertreibung wird sich eines Tages eingependelt haben und Gleichberechtigung wird herrschen.

Der negative Pol ist nämlich weiblich, der positive Pol männlich. Unterdrückt man einen davon, geht der andere mangels Versorgung zugrunde. Es ist sehr hilfreich, das lebensspendend weibliche Prinzip als Quelle zu sehen, ohne die die schöpferische Kraft versiegt. Yin ist die Erdkraft, Yang die Himmelskraft. Yin ist weiblich, Yang ist männlich. Wer Yang nun mit Mann und Yin mit Frau gleichsetzt, hat das Prinzip völlig mißverstanden. In jedem Menschen – ob weiblich oder männlich – wirken beide Prinzipien.

Wer als Kind, als Mädchen unterdrückt wurde und sich (noch) nicht befreien konnte, stößt natürlicherweise so lange auf Menschen, die dieses Problem widerspiegeln, bis dieser weibliche Mensch gelernt hat, sein Problem anzunehmen. Damit wächst die Kraft zur Überwindung. Auch Knaben können unterdrückt werden. Auch ein männlicher Mensch kann seine Yin Kraft (sein weibliches, annehmendes Prinzip) blockieren.

Wer das Yin nicht lebt, erfährt das Negative als böse. Der erfährt den Tod als furchtbare Strafe und dessen Ängste wachsen ins Unermeßliche. Ich habe die Erfahrung gemacht, daß der Ausgleich auch in diesen schrecklichen Phasen stattfindet: der Mensch beginnt, sich mit negativen Dingen zu beschäftigen, er wird in seinem Denken negativ. Wer das Negative im andern Menschen nicht anzunehmen vermag, negiert auch seine eigene Schwäche. Seine eigene Schattenseite anzunehmen, ist nicht angenehm – verständlich.

In der Theorie vermag man über diese Realitäten noch ganz gut zu diskutieren, aber in der Praxis sieht bei den meisten Menschen alles ganz anders aus, denn dann betrifft es ja sie selbst. Was trifft, macht trefflicher! So ist es mit der Stimme und auch mit dem Gedächtnis. Natürlich auch mit dem Training.

Regeln aufzustellen, ist leicht. Sich daran zu halten, ist schon mühsamer. Tips zu geben, wie man sich etwas merken soll, macht Spaß; aber, o weh, was tut man, wenn der gegebene Tip bei einem selbst versagt? Sich vorzunehmen, regelmäßig zu trainieren, ist aufbauend. Es auch täglich durchzuführen, zeugt von Charakterstärke, Fleiß und Überwindungskraft.

Die graue Theorie und die bunte Praxis, wie verbindet man sie? Ein einfaches Beispiel diene zur Erläuterung: In früheren Zeiten nähte man Fetzenbälle. Die einzelnen bunten Teile wurden zusammengenäht, oft mit grauem Faden und Kreuzstichen! Also die graue Theorie muß die bunte Praxis kreuzen und das alles über einem flexiblen Kern! Der Kern ist die Begabung, die Vorgabe, die in jedem Menschen veranlagt ist. Sie ist seine Struktur: charakterlich, mentalitäts- und typmäßig.

Was an bunten Flicken verwendet wird, ist das, was der Mensch herausläßt, es sind seine Worte und Taten. Das ist seine Praxis. Den Zusammenhalt bilden die Gedanken, die Gefühle, gespeist aus der Emotion. Das ist seine Theorie.

Manche Menschen mag es vielleicht stören, mit einem Ball verglichen zu werden. Menschen, die mit ihren theoretischen und praktischen Lebensseiten in Einklang sind, leben tagtäglich im Ton, im Laut, in der Sprache, in der Gestik und Mimik, sie leben in ihrer Tat. Wer im Hier und Jetzt lebt, braucht selten Vergleiche, andererseits braucht er auch keine Vergleiche zu scheuen.

Wer sich mit der Stimme beschäftigt, weiß, daß es ohne Vergleiche in der Bildung derselben nicht geht. Denn in erster Linie muß in der Stimmbildung die Vorstellungskraft geschult werden. Klingt sehr theoretisch und sehr abstrakt – ist es auch. Also meine Erfahrung geht dahin: je realistischer, je griffiger ein Beispiel, je körperlicher, je lustvoller, desto einprägsamer und wirkungsvoller.

Meine Praxis hat meine Theorie vollauf bestätigt und ist in hohem Maße befriedigend und erfolgreich.

Emotion als Antrieb

Ein Auto ohne Motor wird zum Museumsstück. Ein Mensch ohne Emotion ist wie ein Auto ohne Motor. Motion ist Bewegung, Emotion ist Gemütsbewegung. Sicher gibt es Menschen, die die Emotion übersteigern bis zum Affekt und dann nicht mehr wissen, was sie tun. Das ist keinesfalls anzustreben. Ebensowenig ist der Emotionalismus gemeint, also eine Auffassung, die das Emotionale vor oder über das Rationale stellt. Es geht um ein inneres, gefühlsmäßiges Beteiligtsein an etwas. Ein Mensch, der sich fürchtet, zieht sich zurück – oder stürmt vor, je nach Temperament. Ein Kind, dessen Gefühle und Empfindungen nicht berücksichtigt werden, wird auch bald aufhören, seine Gedanken zu formulieren. Es schweigt oder brüllt.

Die Gleichberechtigung zwischen Gedanken und Gefühlen ist in unseren Breiten leider keine Selbstverständlichkeit – da ist noch viel Aufklärungsarbeit zu leisten. Außerdem ist immer wieder zu bedenken, daß in jedem Menschen bis ins hohe Alter das Kind lebendig bleibt. Der Mensch, der bewußt seine kindlichen Anteile pflegt, hat die besten Chancen, gesund, leistungsfähig, also vital zu bleiben. Vitalität drückt sich aus in Interesse. Interessiert sein am Emotionalen und am Rationalen wäre ein zielführender Zustand. Ein emotionaler Zugriff zum polaren Geschehen im menschlichen Körper ist den meisten Menschen, die mit ihrem Leben zurechtkommen, eine Selbstverständlichkeit. Derjenige ist gut beraten, der seine Emotionen auch bedenken kann und zu deuten vermag. Nicht zerreden – also intellektualisieren – sondern ins Bewußtsein aufnehmen. Ist ein Mensch in seiner Mitte verankert, kann er spontan aus „dem Bauch heraus" agieren. Er lebt aus seinem Gemüt, aus seiner Emotion und kann daher einen kühlen Kopf bewahren. Echte Emotion, echtes Gefühl ist stärkend, belebend, macht froh, erhellt die Stimmung, läßt lachen oder weinen! Schenkt den Antrieb zum Reden, zum Tun. Wer sein Yin – sein weibliches Potential – fließen läßt; kann auch sein Yang – sein männliches Potential – zum Fließen bringen. Der Minuspol beliefert den Pluspol, dadurch entsteht ein Kreislauf. Man könnte auch sagen, das

Obere beschützt das Untere – sozusagen als Dank für die Belieferung! Das Denken behütet das Fühlen. Das Rationale lenkt das Emotionale. Wer den Raum beherrscht, kommt mit der Zeit zum Ziel.

Leben als Lernprozeß

Richtige Entscheidungen bringen einen Zufluß von Energie. Wer kennt nicht dieses wunderbare Gefühl von Stimmigkeit nach gut gelungener Arbeit, nach einem erfolgreichen Abschluß? Geburt und Tod sind die beiden elementarsten Fixpunkte im Leben und liegen so nah beieinander. Erfährt man dies hautnah, wird man meistens richtig wachgerüttelt! Wer schon einmal in Todesgefahr geschwebt ist, erkennt, wie schön das Leben ist und sein kann, trotz schwierigster Umstände. Wer Geburt erlebt, sieht das Leben mit anderen Augen.

Die natürliche Lernfähigkeit ist uns angeboren – wie ein Reflex – und sie wächst mit den Anforderungen, die das Leben an uns stellt, die wir selbst an uns stellen. Aber auch da gilt wieder als oberstes Gebot: die Mitte zu finden! Stellt man einen zu hohen Anspruch, wird man unzufrieden, weil nichts gut genug ist. Sind die Ansprüche zu gering, kann nichts entstehen, weil sich keine Spannung entwickelt. Am besten ist es, beobachtenderweise festzustellen: worum geht es? Das Kindlein findet, kaum daß es krabbeln und gehen kann, aus der wunderbaren Einheit heraus sein Ich und lebt es. Herrlich unkompliziert: es brüllt, wenn ihm etwas nicht paßt, es schläft, wenn es müde ist, es stillt spontan seine Bedürfnisse. Kommt das Kind in eine Phase der unbewußten Selbstfindung, erlebt es Widerstand und wächst daran. Es kommt zu der Erkenntnis: Ich bin ich. Und dieses Bewußtsein wächst wie eine Pflanze. Lernt das Kind, sich beim Namen zu nennen, bilden sich die Vernunft und das Gefühl. Hand in Hand mit der physischen Entwicklung geht die psychische, meist in Schüben, die sich mehr oder weniger heftig äußern.

Das Kind lebt – so scheint es oft – in unbegrenzter Energie. Eltern, Erzieher, Lehrer seufzen und leiden oder unterdrücken diese Energieausbrüche – dann leiden die Kinder. Gilt gleiches Recht, kommt es zu harmonischem Austausch, der beide Seiten zufriedenstellt. Dieses Prinzip der Eingliederung findet ein ganzes Leben lang statt und meist werden die Muster der Kindheit so lange wiederholt, bis man erkennt: Wer, was und wie bin ich? Stellt sich ein Reifungsprozeß ein, will man nicht nur unbewußt, sondern ganz bewußt sagen: Ich bin ich selbst!

Meist wird erst ab diesem Moment Partnerschaft – auf welcher Ebene immer – möglich, und da beginnt die Arbeit. Aus Spiel wird Ernst, aus Arbeit wird Beruf. Sind Hirn und Herz und Hand am rechten Platz, ist der Beruf Ausdruck des Rufes von innen. Der Mensch hört auf seine Begabung, lernt, sie zu entwickeln, auszubilden und so einzusetzen, daß er in der Gemeinschaft bestehen kann.

Der weibliche und männliche Mensch setzt sich ein und lernt, Geld zu verdienen durch seine Arbeit, durch seinen Einsatz. Er findet zu seiner Existenz. Leben als Lernprozeß führt zur Befriedigung. Aber das ist nur dann möglich, wenn der Mensch bereit geworden ist, aus einer Selbsterkenntnis zu Eigenverantwortung zu gelangen. Sich anzunehmen, so wie man sich empfindet und spürt, seine Mentalität zu harmonisieren – ein lebenslanger Prozeß.

Voraussetzung: Fitneß

Fitneß ist die Basis für Vitalität. Vita – das Leben. Im Italienischen heißt Taille – vita. Und das ist eine große, wunderbare Erkenntnis: Wer seine Taillenspannkraft findet, nimmt seine Vitalkraft in Besitz. Wer sich vital fühlt, denkt nicht über Fitneß oder Energiegewinnung nach, er spricht auch nicht darüber – er tut. Der Mensch ist aktiv, der Mensch trainiert, der Mensch leistet, der Mensch ist fit. Echte Fitneß beginnt und endet bei der Atmung.

Jede gymnastische Übung ist nur dann wirkungsvoll, wenn die Atmungsfunktion dabei korrekt abläuft. Menschen, die fit sind, sind belastbar. Die Belastbarkeit trainiert die Fitneß. Läßt die Fitneß zu wünschen übrig, ist die zielführendste Übung, mit den Lippen und der Zunge spielerisch die Luft zu entdecken. Verlorene Fitneß ist wiederzufinden. Das Zwerchfell – die Urmutter aller Muskel – ist so lange zu aktivieren, bis der Atemreflex wieder problemlos funktioniert. Die Verbindung von Nasenatmung, Zwerchfellfunktion und mentaler Leistungsfähigkeit geht immer über praktische Körperarbeit. Wer sich durchringt und überwindet, erfährt es am eigenen Leibe. Für bewegungsunlustige Menschen ist das oft ein schwerer Schritt.

Training zur Fitneß gelingt nur über Anleitungen, die einem angenehm und sympathisch sind. Man sollte sich wohlfühlen, es muß lustvoll sein, im besten Fall führt es zum Lachen. Wer lacht, lebt länger! Lachen ist Zwerchfelltraining, lachen hält fit. Hat der Mensch nichts mehr zu lachen, beginnt er zu weinen. Für das Zwerchtell ist das dieselbe Arbeit.

Lachen stellt sofort den Zugriff zum positiven Pol her. Weinen auch, sucht aber dabei den Umweg über den negativen Pol. Durch das Lachen oder Weinen werden die Resonanzräume in Kopf und Brust aktiviert. Dadurch entstehen Schwingungen und diese erzeugen Impulse. Ein Impuls drückt sich aus in Gedanken und Gefühlen. Der Sinn und das Ziel aller Fitneßübungen ist, Ausgleich herzustellen.

„Nobody is perfect"! Unsere Selbsterkenntnis dient dazu, unsere Schwächen und Mängel festzustellen. Genießen wir unsere Vorzüge und Stärken, gelingt es uns auch, mit den weniger angenehmen Seiten in Frieden zu leben. Da unser Hirn mit seinen Funktionen vom Körper abhängig ist – Atmung, Bewegung, Ernährung – können wir körperlich unsere Hirntätigkeit unterstützend beeinflussen. Spannkraftübungen setzen Impulse, Entspannungsübungen bringen Lockerung. Aufbautraining stärkt den Kreislauf, die Nerven und Muskel und macht dadurch belastbar.

Meiner Meinung und Erfahrung nach geht es den meisten Menschen weder um Gesundheit, noch um Leistung, sondern um Anerkennung ihrer Persönlichkeit. „Köpfchen" beweist der, der bei sich selbst anfängt und seine diagonale Spannkraft trainiert. Es ist schon lange bekannt, daß die rechte Gehirnhälfte die linke Körperseite und somit das weibliche Potential – das Intuitive – und die linke Gehirnhälfte die rechte Körperseite versorgt. Das ist dann das männliche Potential – das Analytische. Ausgleich findet statt durch Überkreuzübungen, sodaß die Mitte gestärkt wird und es im Gehirn zu einer Integration kommt. Dominanz einer Gehirnhälfte führt zu Unzufriedenheit, Leidensdruck und Krankheit. Gehirnintegration drückt sich in Lebensfreude aus. Den intensivsten Zugriff zu all diesen Vorgängen hat die Luft. Wer also seine Sprache, seine Stimme trainiert, hat ein „Zaubermittel" in der Hand, um fit zu werden und zu bleiben. Instinktiv tun dies die meisten Menschen. Tritt man in eine Phase des Lebens ein, wo dies nicht mehr genügt (Schuleintritt, Berufstätigkeit, Partnerschaft, Gemeinschaft, Pensionierung, Schwächung durch Krankheit,...) kann man durch Übungen seine Energie sanft aufbauen und damit auch wieder sanfte Impulse setzen. Das ist wirkungsvoll und äußerst heilsam. So verstanden und angewandt sind Fitneßübungen lebensbereichernd. Sie sind Ausdruck von Egalität.

Darf ich Sie an dieser Stelle gleich zu einer kleinen Übung einladen? Sie wissen ja, die Praxis beweist die Theorie. Also, lehnen Sie sich bequem zurück und kontrollieren Sie durch ein zartes Schnaufen, ob Ihre Nase frei ist. (Falls nicht, bitte Nase putzen!) Dann verschließen Sie mit Ihrer Hand ein Nasenloch und atmen durch das offene Nasenloch aus und ein. Will der nächste Ausatem kommen, verschließen Sie nun das eben benützte Nasenloch und atmen durch das andere Nasenloch aus und ein. Dies wiederholen Sie ein paarmal – bis Sie sich erfrischt und wohl fühlen. Die große Hilfe dieser Übung liegt darin, daß sich sofort eine hilfreiche, die Gehirnintegration unterstützende Wirkung bemerkbar macht. Prinzipiell kann jede Art von Bewegung als Übung genützt werden. In allen Systemen finden sich

Übungsanleitungen. Die für sich passenden zu finden, ist mit ein bißchen Einfühlungsvermögen nicht allzu schwer. Hinweisen möchte ich auf die Übungen im nächsten Abschnitt.

Mit diesem Training in guten Zeiten zu beginnen, um vorzubeugen, ist hilfreich. Wer sich um Fitneß bemüht, hat sich in kluger Art und Weise mit seinen Alterungsprozessen auseinandergesetzt.

Stimmbildung und Gedächtnistraining

Dieser Abschnitt enthält ein Kurzprogramm aus meinem Buch „Stimmbildung + Sprecherziehung durch bewußtes Atmen" – 1989, Verlag Ennsthaler. Um die Zusammenhänge zwischen Körper – Seele – Geist zu wissen, ist gut. Dort wo man fähig wird, es auch im Zusammenleben anzuwenden, wird es hilfreich und beweist die Güte.

Ohne Gedächtnis sind wir verloren. Lebensfähigkeit drückt aus, daß man sich zu helfen weiß. Gedacht – getan. Und dazwischen ist das hilfreiche Wort. Wie eine Brücke.

TRAINING AN ATEM + STIMME

1. ATEMFÜHRUNG
TRAINING: ausatmen – Atemgeräusch „HÄ"

Nur ein gut geführter Atem = einer, der den Einatem als Reflex erfolgen läßt, trainiert die Atemkraft, bringt echte Entspannung und läßt die Stimme voll erklingen.

2. ZWERCHFELL
TRAINING: hecheln – erschrecken – Affekt – affektiert

Das Zwerchfell funktioniert – wie jede hängende Glocke – nur durch Zug vom Echopunkt aus, der mit dem Ansatzpunkt im Nasen-Rachenraum gekoppelt ist = Innervation! Ganz leicht mit Niesen „ha-p-tschi-j" und zwei- bis dreimaligem Schnüffeln nachzuvollziehen.

3. SPANNKRAFT
TRAINING: tierische Lautgebung – NG – M – N

Ein Ton klingt so lange gesund und natürlich, als er auf der gesunden Spannkraft schwingt – wie ein Ball, der auf einem Wasserstrahl tanzt! Spürbar im Unterbauch, in der Taille, bis zum Lendenwirbel!

Die meiste Luft wird durch die Spannkraft zurückgehalten, es kommt nur so viel zum Klingen, wie der jeweilige Ton sich von selbst nimmt, gesteuert von der Intensität der Tongebung!

4. ATEMBEWEGUNG
TRAINING: Körperbeweglichkeit – freudiger Ruf „jöh"

Je flexibler der Echopunkt Zugkraft annimmt und weitergibt: Lenden sich dehnen, Lendenwirbelsäule sich streckt und sofort beim Absetzen des Tones sich reflexartig entspannt, den ganzen Körper rhythmisch mitentspannt und sofort – BLITZARTIG – mit dem Ansatz des neuen Tones der gesamte Körper wieder in der gesunden, alles ermöglichenden Spannkraft schwingt, desto intensiver das Gefühl, daß der Atem vom Beckenboden bzw. unter den Fußsohlen bis zur Schädeldecke den ganzen Körper in eine schwingende Spannung versetzt.

5. TONANSATZ
TRAINING: staunend + gähnend + riechend offen sein / NG / HÄ / J

Tonansatz entsteht nur durch zurückgehaltene Luft. Muskuläres Training der Sprechwerkzeuge ist Grundvoraussetzung zur Luftführung.

Die Zungenspitze (ts, ts) hinter den oberen Schneidezähnen (harter Gaumen), der Zungengrund (ks, ks), die Lippen (bs, bs) – dabei ist die Zungenspitze hinter den unteren Schneidezähnen – formen den Luftstrom, der zurückgehalten, den weichen Gaumen aufdehnt und somit stärkt. Gelingt dies, öffnet sich der Nasen- und Rachenraum.

Nun erschließen sich die gesundmachenden Resonanzräume im Kopf, die durch die Bildung der klingenden Konsonanten L – N – M – NG – SCH – S – R – W die gesunderhaltenden Resonanzräume in der Brust wecken und stärken. Fehlhaltungen in dieser Region basieren auf Unlust oder Angst!

Sind diese Empfindungen zu lange wirksam, führen sie zu Unbeweglichkeit geistig, seelisch, körperlicher Art und verhindern gesunde, normale Stimmfunktion.

6. KLANGBILDUNG
TRAINING: lachen + weinen + niesen + rufen

Genau in der Mitte des Kopfes in Augen + Ohren + Nasen + Zäpfchenhöhe im oberen Rachenraum ist der Ansatzpunkt = Stimmsitz = der Kernpunkt der Klangbildung. Der Atem, als Träger des Klanges muß – soll er sich in gesunden, tragfähigen Klang verwandeln – immer diese Stelle passieren.

Weder beim Phonieren und Artikulieren, noch bei irgend einer anderen Tätigkeit, darf dieser Raum ausgeschaltet werden. EIN UNUNTERBROCHENER ATEMFLUSS ÜBER DIESE STELLE GEWÄHRLEISTET GESUNDHEIT AN KÖRPER + SEELE + GEIST.

7. KLANGSTEUERUNG
TRAINING: spielerische Tongebung – vor allem miauen + bellen

ERZIEHUNG zur Weichwandigkeit der weit geöffneten Klangräume. Gelingt nur durch bestens trainierten + perfekt sitzenden Atemzug (Kreislauf zwischen Ansatzpunkt/Kopfmitte + Echopunkt/Unterbauch), unterstützt durch Beweglichkeit der Nase, Lippen, Zunge, des Rachens + Gaumens, der Wirbelsäule, Nacken- + Rückenmuskulatur + Fersen = Lotfindung!

Ergibt sich aus der Offenheit der Sinne + des Körpers + der Bereitschaft + dem Willen tätig zu sein = Spannkraft! Begeisterung schafft Durchhaltevermögen! Antonio Porpora 1686–1760: „KUNST BEGINNT, WO TECHNIK ENDET."

8. KIEFER + KÖRPERÖFFNUNG
TRAINING: Biß – erbrechen – hecheln – lächeln

Die neuralgischen Punkte sind die Kiefergelenke. Nur eine echte Kieferöffnung ohne Ausweichen öffnet Rachen- + Brustraum und sichert den Haltepunkt im Nacken und Lendenwirbel. Meist nur durch hartes und ganz bewußtes Trainieren wieder verfügbar zu machen, da der Verlust der natürlichen Öffnung immer auf einer psychischen Fehlhaltung basiert, die sich körperlich manifestiert hat (Muskelverspannungen, Körperfehlhaltungen). Die bewußte Haltung des offenen Körpers durch Zug herein (Wirkung wie Zaumzeug bei Tieren) gibt die Freiheit zum automatischen Ablauf, auf dem die geschulte Stimme gesichert ablaufen kann.

9. LEISTUNGSFÄHIGKEIT
TRAINING: schwungvoll üben – gesamtkörperliche Spannkraft

Echte, gesunderhaltende Leistungsfähigkeit ist immer Folge von guter Anspannung und Entspannung, die die Tiefatmung fordert und fördert und somit zu einer guten Sauerstoffversorgung des Gehirns, des Körpers führt. Die Sicherung des normalen = natürlichen = gesunden Ablaufs, drückt sich durch Instinktsicherheit aus, dies dokumentiert sich in Flexibilität = spontane Spannfähigkeit.

Die natürliche Beherrschung der Reflexe (Streck-, Atem-, Gehreflex = Eutonie!) führt zu Leistung und Qualität – die erstrebenswert ist, weil sie zufriedenstellt im mentalen, physisch-psychischen, geistig-seelischen, ethischen Anspruch.

Das zielführende, korrekte Training besteht immer in der Absicherung der natürlichen Funktion, d.h. der Einatem wirkt wie ein Saugreflex, der die Körperaufrichtung schenkt und es dem Menschen, der sich durch die Tiefatmung gestärkt fühlt, ermöglicht, in der Ausatmung die Aufrichtung (gewachsenes Hohlkreuz, Brustbeinhebung) beizubehalten. Erst da bewährt sich die Spannkraft in der Taille und jetzt wirkt sich die

Zwerchfelltätigkeit in der Leiste und Lende besonders gut aus. Im Schwerpunkt des Leibes = Kreuzpunkt (Taoismus = Tor des Lebens zw. 2. + 3. LW, genau gegenüber dem Nabel) entsteht ein wunderbar gutes Haltegefühl und im Nabel ein Anlehngefühl. Ist diese Empfindung stimmig, hat man in der Taille ein kreisrundes, stützendes, muskuläres, nach außen drängendes Körpergespür, das im Damm eine Festigkeit erzeugt, die im Kopf- und Brustraum ein Resonanzgefühl ermöglicht: Grundlautierung, Normalton – Wohlgefühl „mmh, wie gut" – Widerstand „nnh, wie schlecht".

Zu geringe oder überhöhte Sauerstoffversorgung (Hypo- oder Hyperventilation) vermag die Spannfähigkeit (Muskeltonus, Flexibilität) des Körpers – der Stimme zu verändern. Hilfreich ist immer, Eigenverantwortung zu entwickeln und die Not – wendigkeit bittend + dankend in Gang zu bringen.

10. STIMMSCHÄDEN TRAINING: 1. SCHWEIGEN 2. RICHTIG ATMEN

Liegt ein organischer Schaden vor (Stimmbänder-Heiserkeit) heißt es: schweigen bis zur Ausheilung. Jede Heiserkeit, die sich über 3–4 Wochen hinzieht, gleich welchen Ausmaßes, sollte unbedingt ärztlich behandelt werden.

Es gibt zahlreiche organische Kehlkopfkrankheiten, eine funktionelle Stimmstörung liegt dann vor, wenn erstere ausgeschaltet werden können. Störungen des endokrinen Systems – Drüsen – können den Klangcharakter, den Stimmumfang und die Leistungsfähigkeit des Organs, bzw. des ganzen Körpers sehr beeinflussen.

Funktionelle Stimmstörungen sind eine instinktive Hilfsmaßnahme des Körpers als Ausgleich für eine Fehlfunktion (Yin-Yang Prinzip). Erst bewußte Wahrnehmung (Leidensdruck!), führt zur Erkenntnis der Fehlhaltung, die zur Änderung oder Resignation führt. Ziel ist freie Schwingungsfähigkeit des Körpers durch befreiende Tiefatmung und korrekte Haltung, die sich in gesunder Stimmfunktion dokumentieren.

Die Prophylaxe (Vorbeugung) ist für die Erhaltung der Stimme mehr wert als die beste Therapie. Vor- + fürsorgliche Pflege:

Abhärten gegen Erkältungskrankheiten durch Wechsel von KALT/WARM,
Durchblutungsförderung z.B. Bürstenmassage, Wickel,...
Nasenatmung – besonders bei kalter, rauher, trockener Luft, Staub,...
keine Stimmbelastung bei Erkrankung oder großer Müdigkeit,
keine Stimmbelastung nach Inhalation, Sauna = Aufweichung der Schleimhäute,
keine Stimmbelastung bei Rauch und Zugluft = Austrocknung der Schleimhäute.

Die beste Abhärtungsmethode ist ein tägliches Training, das zur Stärkung des ganzen Körpers dient. Nach einer Erkrankung die Gesundung aller Organe anzustreben + langsam aufbauendes Training, sind die Grundvoraussetzungen, um die Funktionstüchtigkeit der Stimme zu erhalten.

Zum besseren Verständnis der Zusammenfassung einige erklärende Worte. Jeder dieser Blöcke enthält 8 Zeilen, die als Hilfestellung und Kontrollmöglichkeiten gedacht sind. Das Symbol bedeutet Konzentration durch Lotung und Querspannung im Kreislauf des Lebens.

Gebote und Selbstverständlichkeit enthalten das, was vom vernünftigen und leistungsbereiten Menschen erwartet wird. Der Block mit den Fragen ergibt sich automatisch durch spontanes Agieren und Reagieren und kann durch ehrliche Beantwortung zielführend sein. Braucht jemand Hilfe, ist ein gangbarer Weg durch die Elementareinstellung gegeben. Das Wunderbare bei all den so kompliziert scheinenden Dingen ist, daß die natürliche, instinktive und reflexhafte Verhaltensweise im Menschen automatisch zum Ziele führt. Wird das Kurzprogramm bewußt vollzogen, kann sich alles automatisch entwickeln. Mit anderen Worten ausgedrückt: der Weg ist das Ziel! Viel Freude auf diesem Erkundungsweg – Sie werden sehen, es macht Spaß.

KURZPROGRAMM	ELEMENTAREINSTELLUNG	GEBOTE
mit Gähnen	sich anspannen + entspannen	Anspannung/Entspannung
mit Stöhnen	sich dehnen/diagonal	Öffnung
mit Schnüffeln	Schwerpunkt finden	Zentrierung
mit gutem Anlehngefühl	Lotung erspüren/Fersen/Kreuz/Nacken	Lotfindung
mit Niesen	Atemdurchlauf kontrollieren	Atemreflex
mit Seufzen	günstigsten Tonbereich finden/Nase	Eigentonfindung
mit Hecheln	in Bereitschaft einwiegen	Bereitschaft
mit Summen	NG/J = Biß = Spannkraft fühlen	Tatkraft
TUN	**spontan agieren + reagieren**	**Selbstverständlichkeit**
Kontrolle	überzeugt von guter Einstellung?	Selbstvertrauen
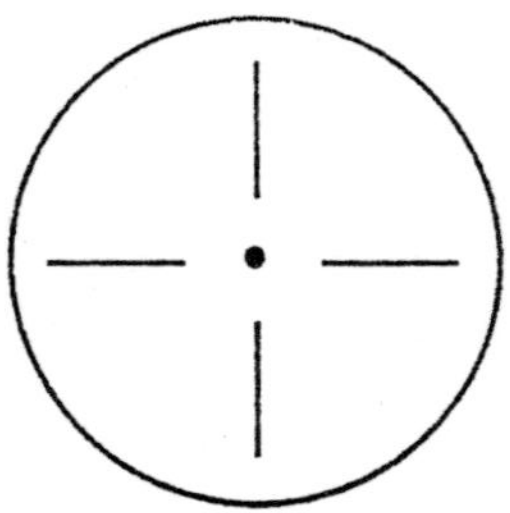	Mitteilungsbedürfnis?	Zuwendung
	Hinwendung zum DU möglich?	Aufmerksamkeit
	Hellhörigkeit?	Lernbereitschaft
	Klarsichtigkeit?	Selbstbewußtsein
	Spürsinn?	Spontaneität
	offene Nase?	Reaktionsvermögen
	Aufmerksamkeit?	Freude

Das Wort ist der Maßstab für ein gutes Gedächtnis – für einen selbst und für die anderen. Die Effizienz eines guten Gedächtnisses trainiert sich am schwersten an sinnfreien Silben. Gerade in der Stimmbildung gibt es diese in überreichem Maße. In Verbindung mit Rhythmus und Melodie kommt es zu wunderbaren Ergebnissen. Voraussetzung allerdings ist immer der persönliche Wunsch, dieses „ich will". Die Eigenart eines Menschen prägt natürlich auch die Art seiner Stimmbildung und die Weise seines Gedächtnisses.

Man kann mit Techniken viel erreichen. Zu bedenken ist, daß nur das von Dauer und im Grunde wirksam ist, das genau den Kern trifft. Die Persönlichkeit, das Temperament legen den Maßstab für alle Lernprozesse. Wer dies in Eigenverantwortung erkennt und anwendet, meistert sein Leben.

Sein und Haben

Fortschritt stellt sich ein, wenn der Mensch in, durch und mit seinem Lustprinzip zum Realitätsprinzip vorgedrungen ist: bewußt in Balance und mit Integration all seiner Aspekte und Bedürfnisse. Dieses Leistungsprinzip – Spiel wird Arbeit – liegt unserer Kultur zugrunde. Wer sich ein bißchen mit Menschheitsgeschichte beschäftigt, weiß, wie viele unvorstellbare Schwierigkeiten im Zusammenleben auftauchen können und daß rein prinzipiell gar nichts zu lösen ist.

Kluge Definitionen sind sinnlos, wenn Grundbedürfnisse mißachtet werden. Jeder Mensch erlebt auf seine Weise die Welt und bewältigt auf seine Art das Leben. Wer sich in seinem Selbstwert festigt, findet ohne viel Worte und ohne großartige Bemühungen zu seiner Identität. Er sagt von sich: ICH BIN und ICH HABE. Eines bedingt das andere. Dieser Mensch ist zentriert und daher in schwingender Spannkraft. Ziel im menschlichen Leben ist dynamische Entwicklung und das Maß dafür zu finden, ist Lebensaufgabe.

„Wo das Bewußtsein schwindet, daß jeder Mensch uns als Mensch etwas angeht, kommen Kultur und Ethik ins Wanken!" sagte schon Albert Schweitzer. Daß wir in einer sehr schwierigen Zeit leben, ist uns allen mehr oder weniger bewußt. Gerade deswegen ist jeder einzelne Mensch aufgerufen, in Selbstverantwortung, mit seinen persönlichen Mitteln, sein Teil zur Erhaltung dieser unserer (noch?) schönen Welt beizutragen.

Jeder erlebt die Welt, gestaltet und verändert sie auf seine Art und Weise und greift dadurch in den Gestaltungsprozeß der Menschheit ein. Tiere überleben als Population – Menschen als Individuen. Die individuelle Entwicklung kann natürlich in Übertreibung auch die Gemeinschaft zerstören. Daß dies nicht geschieht, dazu möge uns täglich aufs neue Kraft zufließen.

Geistige Kraft, an die wir glauben, auf die wir hoffen. Geistige Kraft, die wir lieben. Denn in der Liebe liegt die wundersame Heilkraft verborgen.

* * *

Diese Arbeit entstand 1995 als Abschluß des Kurses „Fitneß für Kopf und Persönlichkeit". Ich denke gern an die interessante, sich über ein Jahr hinziehende Zeit, unter der Leitung von Dr. Britta Wiegele und Vera Albert an der Volkshochschule Wien, zurück.

Literaturverzeichnis

Adler Alfred
Der Sinn des Lebens · Fischer tb

Amberg-Schneeweis
Stimmbildung + Sprecherziehung durch bewußtes Atmen
Intensivtraining zur richtigen Atmung · Verlag Ennsthaler

Amberg-Schneeweis
Singen macht glücklich · Freya Verlag

Berchem Frank
Gehirnjogging – Fischer Lehrl Methode
Mosaik Verlag/ Bertelsmann

Dürckheim Karlfried Graf
Sportliche Leistung, menschliche Reifung
N.F. Weitz Verlag

Eggetsberger Gerhard
Kopftraining macht gesund · Orac Verlag

Frankl Viktor E.
Der Mensch auf der Suche nach dem Sinn/Logotherapie
Herder Verlag

Habermann Günter
Stimme und Sprache · Funktion und Hygiene
Verlag Bärenreiter

Horne Sam
Konzentration · Überreuter New Business Line

Lanz Dr. Eduard + Dr. Helmut Aigelsreiter
DKB – Dehnung – Kräftigung – Bewegung · System + Mobilisation · Test + Training · Eigenverlag Graz

Lüscher Prof. Dr. Max
Das Harmoniegesetz in uns · Econ Verlag

Perner Rotraud A.
Erfolg feminin · Service Fachverlag Wirtschaftsuniversität Wien

Werneck Tom + Heidock Clemens
Gedächtnistraining · Wilhelm Heyne Verlag Wissen

Ein bißchen aus der Schule geplaudert: seit Kindheitstagen suche ich über Gesang und Tanz meine Balance zu bewahren.

Am liebsten beschäftige ich mich mit Menschen, die auf der Suche sind – nach ihrer Mitte, ihrem Glück.

Ich liebe Kinder und die Sprache und die Musik.

Zwei wunderbare Töchter, drei herrliche Enkelkinder und sehr viele begabte Schüler, die alle ihren Weg finden – zu sich selbst.

Viel Schweres bewältigt, viel Schönes erlebt, in sieben verschiedenen Berufen gearbeitet und drei Bücher geschrieben.

„Stimmbildung + Sprecherziehung durch bewußtes Atmen" · Verlag Ennsthaler/Steyr

„Wege zur Balance" · Verlag Anna Pichler/Wien

„Singen macht glücklich" · Verlag Freya/Unterweitersdorf

Viel Inspiration durch die Natur und intuitive Kraft über das Erspüren von Gesetzmäßigkeiten, vor allem im menschlichen Körper.

Solange die Begeisterung anhält, gebe ich Konzerte, halte Vorträge, Seminare und arbeite mit großer Intensität und erfahre andauernd: Leben ist schön!

Susanne Amberg Schneeweis